하나님의 나라를 전파하며
주 예수 그리스도에 관한 모든 것을
**담대하게 거침없이** 가르치더라
_사도행전 28:31

가스펠북스

사도행전은 의사 누가가 기록한 말씀입니다. 누가는 의사였을 뿐 아니라 역사가이기도 했습니다. 신학적으로 풍부한 지식을 가지고 있었던 그는 고급 헬라어를 사용하여 아주 구체적이고 사실적으로 사도행전을 기록하였습니다. 사도 바울의 2차 선교 여행 중에 합류한 그는 바울의 마지막 순교의 순간까지 곁에 있으면서 주치의 역할을 했습니다. 그러면서 바울을 통해 나타난 놀라운 현장 변화의 역사를 함께한 동역자요 전도자로서 사도행전의 말씀을 기록했던 것입니다.

이 사도행전은 신약의 역사서로 불리며, 복음서와 서신서를 연결하는 다리 역할을 합니다. 복음 운동, 생명 운동의 숨겨진 보화이자 플랫폼으로서 성경적 전도 방법의 모든 전략이 담겨 있는 핸드북이라고 할 수 있습니다.

복음주의 신학자 존 스토트 목사는 "만약 사도행전이 없었더라면 신약은 대단히 빈약했을 것"이라며 "사도행전을 주신 하나님께 감사드려야 한다"고 밝혔습니다. 정말로 사도행전이 없었다면 예수님의 승천 이후 제자들의 변화된 모습, 성령이 오신 사건, 교회의 탄생, 예루살렘에서부터 로마 복음화까지 이어지는 전도와 선교의 여정, 이방인들이 하나님의 백성이 된 계기, 바울이 사도가 된 경위, 서신서에 언급된 교회들의 탄생 배경 등에 대해 후세 사람들은 알 길이 없었을 것입니다. 사도행전이 있었기 때문에 우리가 복음서의 가치를 깨닫게 되고 서신서의 내용을 이해할 수 있게 된 것입니다.

누가는 복음서의 내용을 요약하는 것으로 사도행전을 시작합니다. 사도행전에는 사도들의 전도와 선교 행적이 중점적으로 기록되어 있지만, 그 발판과 출발점은 바로 예수 그리스도입니다. 예수 그리스도의 십자가 대속과 부활이라는 영적 콘텐츠, 복음 콘텐츠가 없으면 현장 변화는 결코 일어나지 못한다는 사실을 우리가 알아야 합니다.

복음서가 예수님의 지상 사역을 기록한 말씀이라면, 사도행전은 부활 승천하신 예수님의 천상 사역을 기록한 것입니다. 사도행전을 통해 우리는 예수님께서 지금도 우리와 성령으로 함께하시면서 우리의 삶을 인도하고 계신다는 사실을 깨닫게 됩니다. 그러므로 우리는 예수가 그리스도로 오셔서 인생의 모든 문제를 해결하셨다는 참 복음의 진리 위에서 모든 삶과 사역을 펼쳐 나가야 합니다. 모든 독자 여러분이 이런 영적 플랫폼을 구축하여 흔들림 없이 일심, 전심, 지속으로 신앙생활을 해 나가게 되시기를 예수 그리스도의 이름으로 축복합니다.

2024년 5월 예원교회 담임목사 丁喉权

INDEX

# 복음운동의 플랫폼!

<sup>1</sup>데오빌로여 내가 먼저 쓴 글에는 무릇 예수께서 행하시며 가르치시기를 시작하심부터 <sup>2</sup>그가 택하신 사도들에게 성 령으로 명하시고 승천하신 날까지의 일을 기록하였노라 <sup>3</sup> 그가 고난 받으신 후에 또한 그들에게 확실한 많은 증거로 친히 살아 계심을 나타내사 사십 일 동안 그들에게 보이시 며 하나님 나라의 일을 말씀하시니라

_사도행전 1:1~3

ACTS

# 오직 그리스도 ✎

데오빌로여 내가 먼저 쓴 글에는 무릇 예수께서 행하시며 가르치시기를
시작하심부터 그가 택하신 사도들에게 성령으로 명하고 승천하신 날까지의
일을 기록하였노라 _사도행전 1:1~2

누가는 사도행전을 시작하면서 "내가 먼저 쓴 글에는"이라며, 자신이 먼저 쓴 글이 있다고 밝히고 있습니다. 누가가 먼저 쓴 글은 바로 누가복음입니다. 그는 누가복음을 통해 예수님의 탄생과 성장, 공생애 사역과 십자가 죽음, 부활 승천을 기록했습니다. 그리고 이어지는 사도행전은 누가복음의 후속편이라고 볼 수 있습니다.

이 사도행전의 첫머리에서 누가는 예수가 그리스도 되신다는 사실을 강조하고 있습니다. 그리고 누가복음을 통해서도 이미 그 진리를 강조한바 있음을 밝히면서 무엇보다 예수 그리스도의 부활을 집중적으로 강조합니다.

사도행전 1장 3절을 보면, "그가 고난 받으신 후에 또한 그들에게 확실한 많은 증거로 친히 살아 계심을 나타내사 사십 일 동안 그들에게 보이시며"라고 되어 있습니다. 이는 예수님께서 부활의 사실을 친히 제자들에게 각인시켜 주시는 일을 먼저 하셨음을 나타냅니다. 이것이 바로 사도행전 1장 1절이 말하는 '오직 그리스도'의 핵심입니다.

예수님께서는 공생애 사역을 하시면서 당신께서 그리스도이며, 십자가에 달려 고난을 받으신 후에 다시 살아날 것을 반복적으로 말씀하셨습니다. 그리고 그 말씀대로 다시 살아나셨다는 사실을 의심의 여지가 없도록 하

신 것입니다.

부활이 왜 중요할까요? 부활은 예수가 그리스도라는 증거입니다. 부활이 없는 십자가는 아무 의미가 없습니다. 부활이 있기 때문에 십자가가 가치가 있는 것이고, 참 복음이 되는 것입니다.

예수님의 십자가 죽음은 우리가 가지고 있는 창세기 3장의 모든 저주를 대신 해결해 주시는 대속적, 희생적 죽음이었습니다. 이 십자가의 죽음 이후에 부활의 영광이 있게 되었습니다. 만약 예수님이 부활하지 않으셨다면 그 죽음은 저주스러운 사건에 그치고 맙니다. 그러나 부활하셨기 때문에 예수님의 십자가 사건은 영광스러운 구원의 사건으로 바뀌게 된 것입니다. 이 부활이 없으면 기독교도 세상의 다른 종교와 다를 바가 없게 됩니다.

사도행전에서 사도들이 증거한 내용을 보면 십자가의 죽음에서 끝나지 않습니다. 꼭 십자가에 달리셨던 예수님께서 부활하셨다는 사실을 연결시켜 강조합니다. 자신들이 부활의 증인이라는 것입니다.

사도행전 1장 22절에 보면 예수님을 배신했던 가룟 유다를 대신해 새롭게 사도의 직무를 감당할 자를 뽑는 내용이 나옵니다. 그런데 그 조건이 바로 자신들과 더불어 예수께서 부활하심을 증언할 사람이었습니다. 그래서 맛디아가 뽑힌 것입니다. '오직 그리스도'는 바로 오직 부활하신 그리스도를 강조하는 것입니다. 죽음에서 완전히 부활하신 분은 예수님밖에 없습니다. 그래서 오직 예수만이 그리스도가 되는 것입니다. 이것이 우리가 영원토록 변함없이 증거해야 할 참 복음의 진리입니다. 부활하신 예수 그리스도, 그분이 지금 나와 함께 하시면서 우리의 삶을 완벽하게 인도하신다는 것이 복음 전도자의 영적 플랫폼이 되어야 합니다.

# 오직 하나님의 나라 🖋

그가 고난 받으신 후에 또한 그들에게 확실한 많은 증거로 친히 살아 계심을
나타내사 사십 일 동안 그들에게 보이시며 하나님 나라의 일을 말씀하시니라
_사도행전 1:3

  예수님께서 부활하신 후 승천하시기까지 40일 동안 제자들에게 '부활의 사실'과 함께 집중적으로 강조하신 것이 바로 '하나님 나라의 일'이었습니다. 제자들이 예수님께로부터 바통을 이어받아 해야 할 일이 바로 하나님 나라의 일이었기 때문입니다. 예수님의 지상 사역은 처음부터 하나님 나라에 관한 것이었습니다. 예수님께서 세례를 받으시고 공생애 첫 발을 내딛으시면서 처음으로 선포하신 말씀이 하나님 나라였습니다.

  마가복음 1장 14~15절을 보면 "요한이 잡힌 후 예수께서 갈릴리에 오셔서 하나님의 복음을 전파하여 이르시되 때가 찼고 하나님의 나라가 가까이 왔으니 회개하고 복음을 믿으라 하시더라"고 되어 있고, 누가복음 4장 43~44절에서도 보면 예수님께서는 이 땅에 오신 이유에 대해 "예수께서 이르시되 내가 다른 동네들에서도 하나님의 나라 복음을 전하여야 하리니 나는 이 일을 위해 보내심을 받았노라 하시고 갈릴리 여러 회당에서 전도하시더라"라고 말씀하셨습니다. 누가복음 8장 1절을 보면, 예수님께서는 실제로 하나님의 나라를 선포하는 미션을 실행하셨고, 열두 제자도 함께하였음을 밝히고 있습니다. 특히 누가복음 9장 1~2절에서는 예수님께서 열두 제자를 불러서 하나님의 나라를 전파하도록 파송하심을 볼 수 있습니다. 그리고 이 '하나님의 나라'는 예수님의 마지막 강단이라고 할 수 있는 사도

행전 1장 3절을 통해 다시금 강조되었습니다. 사도행전 8장 12절에 보면, 이 마지막 강단의 언약을 붙잡은 중직자 빌립이 하나님 나라와 및 예수 그리스도의 이름에 관하여 전도하였음을 알 수 있습니다. 또 사도행전 19장 8절에서는 사도 바울도 회당에 들어가 석 달 동안 담대히 하나님 나라에 관하여 강론하며 권면했다는 사실이 나옵니다. 그리고 사도행전의 마지막 말씀인 사도행전 28장 30~31절에서는 "바울이 온 이태를 자기 셋집에 머물면서 자기에게 오는 사람을 다 영접하고 하나님의 나라를 전파하며 주 예수 그리스도에 관한 모든 것을 담대하게 거침없이 가르치더라"라며 다시 하나님의 나라를 강조합니다. 그렇다면 하나님의 나라가 과연 무엇일까요? 하나님의 나라는 하나님의 통치가 임하는 그 현장으로, 사람이 될 수도 있고, 장소가 될 수도 있습니다. 예수 그리스도를 영접하는 순간 개인에게 하나님의 나라가 임하는 것이고, 예수 그리스도를 선포하는 그 현장에 흑암이 꺾이고 하나님의 나라가 임하는 것입니다.

그러면 하나님 나라가 임하는 것이 왜 그렇게 중요한 것일까요? 창세기 3장 사건을 통해 이 땅은 사탄이 잠시 왕 노릇 하는 현장이 되어버렸기 때문입니다. 그 현장을 회복해 나가는 것이 바로 하나님의 나라가 임하는 것이고, 그것이 결국 237나라 5천 종족 복음화입니다. 그러므로 하나님 나라의 일이란 전 세계에 하나님 나라가 임하도록 하는 것, 즉 마태복음 28장 19~20절, 마가복음 16장 15절, 요한복음 21장 15~17절, 사도행전 1장 8절의 미션을 실현하는 것입니다.

이런 하나님 나라의 일은 예수 그리스도의 재림을 통해 비로소 완성됩니다. 그래서 하나님의 나라는 이미 임하였지만, 아직 완성되지는 않은 상태에 있습니다. 신학적으로는 "Already, But Not yet"이라고 합니다. '이미'

와 '아직' 사이에 있다는 것입니다. 그러므로 지금 이 시대를 살아가는 우리의 삶은 하나님 나라를 확장해 나가는 것에 초점을 맞춰야 합니다.

## 역동적 복음 운동

 어떤 신학자가 "교회는 갈보리 언덕의 십자가에서 죽으신 예수 그리스도를 추모하는 집단이 되어서는 안 된다."라는 말을 했습니다. 되새겨볼 부분이 있는 말입니다. 물론 갈보리 언덕의 십자가가 아무 의미가 없다는 것이 아닙니다. 예수님께서는 십자가 상에서 우리가 지은 모든 죄와 저주, 사탄 문제를 완벽히 끝내셨습니다. 그래서 갈보리산 언약이 중요합니다. 하지만 거기에 머무르기만 해서는 안 됩니다. 사탄은 그 자리에서 더 나아가지 못하게 십자가만 추모하도록 속입니다. 갈보리산 언약이 감람산 언약, 마가다락방 언약으로 이어지지 못하게 만드는 것입니다.

 여기에 경종을 울리는 것이 바로 사도행전의 메시지입니다. 사도행전은 영어로 Acts입니다. 사도행전에는 움직임, 즉 생명적 역동이 담겨 있습니다. 십자가만 추모하고 있으면 사탄의 계략에 완전히 속는 것입니다. 우리는 부활의 생명력으로 충만해야 합니다. 그래야 하나님 나라의 일을 감당할 수 있습니다. 우리는 하나님 나라의 일을 올바로 붙잡아야 합니다. 예수 그리스도를 담대하게 거침없이 가르치고 전파하는 것이 하나님 나라의 일입니다. 모든 독자 여러분이 사도행전의 말씀을 통해 이런 역동적 복음 운동의 시대적 주역들이 되시기를 예수 그리스도의 이름으로 축복합니다.

# 현장 회복의 플랫폼!

⁴ 사도와 함께 모이사 그들에게 분부하여 이르시되 예루살렘을 떠나지 말고 내게서 들은 바 아버지께서 약속하신 것을 기다리라 ⁵ 요한은 물로 세례를 베풀었으나 너희는 몇 날이 못되어 성령으로 세례를 받으리라 하셨느니라 ⁶ 그들이 모였을 때에 예수께 여쭈어 이르되 주께서 이스라엘 나라를 회복하심이 이 때니이까 하니 ⁷ 이르시되 때와 시기는 아버지께서 자기의 권한에 두셨으니 너희가 알 바 아니요 ⁸ 오직 성령이 너희에게 임하시면 너희가 권능을 받고 예루살렘과 온 유대와 사마리아와 땅 끝까지 이르러 내 증인이 되리라 하시니라 ⁹ 이 말씀을 마치시고 그들이 보는데 올려져 가시니 구름이 그를 가리어 보이지 않게 하더라 ¹⁰ 올라가실 때에 제자들이 자세히 하늘을 쳐다보고 있는데 흰 옷 입은 두 사람이 그들 곁에 서서 ¹¹ 이르되 갈릴리 사람들아 어찌하여 서서 하늘을 쳐다보느냐 너희 가운데서 하늘로 올려지신 이 예수는 하늘로 가심을 본 그대로 오시리라 하였느니라 ¹² 제자들이 감람원이라 하는 산으로부터 예루살렘에 돌아오니 이 산은 예루살렘에서 가까워 안식일에 가기 알맞은 길이라 ¹³ 들어가 그들이 유하는 다락방으로 올라가니 베드로, 요한, 야고보, 안드레와 빌립, 도마와 바돌로매, 마태와 및 알패오의 아들 야고보, 셀롯인 시몬, 야고보의 아들 유다가 다 거기 있어 ¹⁴ 여자들과 예수의 어머니 마리아와 예수의 아우들과 더불어 마음을 같이하여 오로지 기도에 힘쓰더라 _사도행전 1:4~14

# 오직 성령 충만

사도와 함께 모이사 그들에게 분부하여 이르시되 예루살렘을 떠나지 말고 내게서 들은 바 아버지께서 약속하신 것을 기다리라 요한은 물로 세례를 베풀었으나 너희는 몇 날이 못되어 성령으로 세례를 받으리라 하셨느니라 _사도행전 1:4~5

부활하신 예수님께서 40일 동안 하나님 나라의 일을 말씀하셨습니다. 그리고 이어서 예루살렘을 떠나지 말고 아버지께서 약속하신 것을 기다리라는 메시지를 주셨습니다. 무엇을 기다리라는 것일까요? 바로 성령입니다. "너희는 몇 날이 못되어 성령으로 세례를 받으리라"고 말씀하셨는데, 이는 성령님이 제자들에게 임하신다는 것을 말합니다. 누가복음 24장 49절에도 "볼지어다 내가 내 아버지께서 약속하신 것을 너희에게 보내리니 너희는 위로부터 능력으로 입혀질 때까지 이 성에 머물라 하시니라"라는 동일한 내용이 나와 있습니다. 여기에서 나오는 '위로부터 능력'이 바로 '성령의 능력'을 가리킵니다. 이 말씀을 통해 예수님께서는 하나님 나라의 일을 이루어가는 것이 절대 우리의 힘으로 되어지는 것이 아님을 강조하셨습니다. 성령의 능력이 입혀질 때 하나님 나라의 일을 사실적으로 해 나갈 수 있다는 것입니다. 우리가 잘 보아야 할 것이 있는데, 예수님께서 가지고 계신 비전은 '땅 끝까지의 비전'이라는 사실입니다. 사도행전 1장 8절을 보면, "오직 성령이 너희에게 임하시면 너희가 권능을 받고 예루살렘과 온 유대와 사마리아와 땅 끝까지 이르러 내 증인이 되리라 하시니라"고 되어 있습니다. 이는 지역, 민족을 넘어 전 세계로 흩어져 하나님 나라의 일을 감당해 나가야 한다는 것을 말합니다.

그런데 지금 제자들의 모습은 어떠합니까? 대부분 이스라엘의 변방 출신, 유대 지도층의 멸시를 받던 갈릴리라는 촌구석 출신들이었습니다. 사실 제자들 가운데에는 이스라엘 밖으로 나가 본 이가 하나도 없었습니다. 그런데 어떻게 언어와 문화가 다른 사람들에게 가서 복음을 전할 수 있겠습니까? 그것은 절대 불가능한 일이었습니다. 더구나 당시 제자들의 형편은 자신들이 따르던 예수님이 십자가에 달려 돌아가시자 뿔뿔이 흩어진 패잔병 그 자체였습니다. 수제자였던 베드로조차 다시 고향으로 돌아가 예수님을 세 번이나 부인했던 일을 자책하면서 물고기를 잡고 있었습니다. 그러니 무슨 소망이 있었겠습니까? 그래서 예수님께서 이들에게 위로부터 능력을 힘입을 때까지 기다리라고 말씀하신 것입니다. 하지만 제자들은 이런 예수님의 의도는 전혀 깨닫지 못하고 여전히 엉뚱한 반응을 보입니다.

그들이 모였을 때에 예수께 여쭈어 이르되 주께서 이스라엘 나라를 회복하심이 이 때니이까 하니 _사도행전 1:6

예수님께서는 하나님 나라의 일을 말씀하셨는데, 제자들은 이스라엘 나라에 대한 회복을 말하고 있습니다. 여기서 회복은 치유와 회복의 의미가 아닙니다. 땅을 빌려 주었거나 임대했던 것을 돌려받을 때 쓰는 단어입니다. 그러니까 로마에 빼앗긴 자신들의 나라를 언제 돌려받을 수 있느냐는 것입니다. 그들은 위로부터 임할 성령에 대한 관심은 하나도 없고 오직 로마의 압제로부터 자유를 얻는 것에만 초점이 맞추어져 있었습니다. 예수님께서는 다음의 말씀을 통해 영적 본질을 놓친 제자들의 관심을 다시 돌이키셨습니다.

 때와 기한을 정하는 것은 하나님 손에 있기 때문에 너희가 관여할 성질의 것이 아님을 먼저 말씀하셨습니다. 예수님께서는 제자들에게 너희의 일이 아닌 것에 사로잡혀 있지 말고 오직 성령 충만한 삶이 중요하다는 것을 강조하고 계십니다. 사도행전 1장 8절 말씀을 보면, 성령으로 충만해질 때 나타나는 두 가지 증거가 있습니다. 하나는 권능을 받는 것이고 다른 하나는 증인된 삶을 살게 된다는 것입니다. 권능은 헬라어로 '두나미스'라고 하는데, 다이너마이트의 어원이기도 합니다. 다시 말해 폭발적 힘을 의미하는 것입니다. 모든 불신앙, 염려, 근심, 걱정, 두려움을 완전히 폭발시켜 버리고 열두 가지 영적 저주에서 완전히 빠져나오게 하는 힘입니다. 이렇게 되면 자연스럽게 증인의 자리로 나아가게 됩니다. 성령의 능력에 힘을 입었기 때문에 자신을 통해 다른 사람들이 살아나고 변화가 일어나게 됩니다. 성령의 능력은 자기 자신을 초월하여 하늘 보좌의 축복을 체험하는 자리로 이끌기 때문에 증인된 삶을 살 수 있게 됩니다.

 증인된 삶도 마찬가지입니다. 예수님께서는 "내 증인이 되리라"고 말씀하셨습니다. 자신의 힘이 아닌, 되어지는 것이 증인의 삶입니다. 세상 종교는 자신의 힘으로 하는 것이기 때문에 하면 할수록 힘들 수밖에 없으며, 갈수록 지치게 되어 있습니다. 하지만 복음은 정반대로 시간이 흐를수록 더 누리게 됩니다. 성령 충만하면 되어지는 자리로 나아가게 된다는 사실을 우리가 분명히 깨달아야 합니다.

# 오직 언약 기도

 예수님은 마지막 강단을 통해 오직 그리스도, 오직 하나님의 나라, 오직 성령 충만을 제자들에게 심어주신 이후에 제자들이 보는 가운데 승천하셨습니다. 그런데 독특한 것이 9절에 보면 예수님께서 올라가셨다고 표현하지 않고 "올려져 가시니"라고 수동태로 되어 있습니다. 11절에도 보면 천사들이 제자들에게 "너희 가운데서 하늘로 올려지신 이 예수는" 이라고 표현하고 있습니다. 누가가 왜 이런 표현을 썼을까요? 여기에는 중요한 신학적 의미가 담겨 있습니다. 예수님의 탄생, 공생애 사역, 십자가 대속, 부활, 승천까지의 모든 여정이 철저하게 하나님의 말씀대로 이루어졌다는 것을 강조하는 것입니다. 예수님께서는 하나님의 뜻과 계획 가운데 온전한 언약 성취의 삶을 사셨습니다.

 우리의 삶도 이처럼 언약이 성취되는 삶이 되어야 합니다. 그 출발점이 바로 언약 붙잡은 기도입니다. 사도행전 1장 12절 이후를 보면 예수님의 마지막 강단, 감람산 언약을 붙잡은 120명의 제자가 마가 다락방에 모여서 기도에 집중했습니다. 사도행전 1장 14절에는 "더불어 마음을 같이하여 오로지 기도에 힘쓰더라"라고 되어 있는데, 예수님께서 약속하신 성령을 기다리는 것은 막연한 기다림이 아니었습니다. 기도의 줄을 붙잡은 기다림이었습니다. 예수님의 언약으로 자신을 보좌화하면 말씀이 성취되는 축복을 체험하게 됩니다.

 우리의 기도는 세상 종교의 것과는 다릅니다. 언약 붙잡은 기도이기 때문입니다. 기도한다는 것은 자기 주장을 버리고 말씀을 깊이 묵상하는 것입니다. 그 말씀이 각인, 뿌리, 체질화되는 것이 집중입니다. 마가 다락방에서 10일 동안 집중할 때 오순절 성령 강림의 놀라운 역사가 일어났습니다. 매 주일 말씀과 기도가 여러분 삶 속에 살아 역사하심을 체험하는 것이 예배자의 가장 큰 축복입니다. 이 역사가 여러분의 산업으로, 직장과 학업으로, 지역으로 이어지는 것이 일상의 삶이 되어야 합니다.

 이렇게 되면 자연스럽게 사도행전 1장 8절의 언약이 성취되는 삶으로 나아가게 됩니다. 그리고 이렇게 언약 기도를 하면 그 영향이 지역과 민족과 전 세계로 나아가게 됩니다. 시공간을 초월하여 전 세계에 빛을 비추는 것이 바로 언약 기도이기 때문입니다. 우리는 이 사실을 깨닫고 모든 것이 보좌화되도록 기도하는 영적 세계의 파수꾼이 되어야 합니다. 이를 통해 모든 독자 여러분이 현장 재창조의 역사를 체험하는 증인된 삶을 살게 되시기를 예수 그리스도의 이름으로 축복합니다.

# 03

## 성령 시대의 개막!

¹ 오순절 날이 이미 이르매 그들이 다같이 한 곳에 모였더니 ² 홀연히 하늘로부터 급하고 강한 바람 같은 소리가 있어 그들이 앉은 온 집에 가득하며 ³ 마치 불의 혀처럼 갈라지는 것들이 그들에게 보여 각 사람 위에 하나씩 임하여 있더니 ⁴ 그들이 다 성령의 충만함을 받고 성령이 말하게 하심을 따라 다른 언어들로 말하기를 시작하니라 ⁵ 그 때에 경건한 유대인들이 천하 각국으로부터 와서 예루살렘에 머물러 있더니 ⁶ 이 소리가 나매 큰 무리가 모여 각각 자기의 방언으로 제자들이 말하는 것을 듣고 소동하여 ⁷ 다 놀라 신기하게 여겨 이르되 보라 이 말하는 사람들이 다 갈릴리 사람이 아니냐 ⁸ 우리가 우리 각 사람이 난 곳 방언으로 듣게 되는 것이 어찌 됨이냐 ⁹ 우리는 바대인과 메대인과 엘람인과 또 메소보다미아, 유대와 갑바도기아, 본도와 아시아, ¹⁰ 브루기아와 밤빌리아, 애굽과 및 구레네에 가까운 리비야 여러 지방에 사는 사람들과 로마로부터 온 나그네 곧 유대인과 유대교에 들어온 사람들과 ¹¹ 그레데인과 아라비아인들이라 우리가 다 우리의 각 언어로 하나님의 큰 일을 말함을 듣는도다 하고 ¹² 다 놀라며 당황하여 서로 이르되 이 어찌 된 일이냐 하며 ¹³ 또 어떤 이들은 조롱하여 이르되 그들이 새 술에 취하였다 하더라 _사도행전 2:1~13

ACTS

# 성령 시대 🖋

  사도행전 2장은 사도행전에서 아주 중요한 부분에 속합니다. 1장을 통해 예수님께서는 하나님 자녀 된 인생의 본질적인 삶에 대해 강조하신 바 있습니다. 오직 그리스도, 오직 하나님의 나라, 오직 성령 충만이라는 3오직에 결론과 답을 내고 올인과 집중을 해야 한다는 것이었습니다. 그것이 바로 갈보리산 언약, 감람산 언약, 마가다락방 언약입니다. 예수님께서는 이 언약이 세팅된 삶의 중요성을 강조하시면서 지역과 민족을 넘어 전 세계로 나아가야 한다는 전도와 선교 미션을 제자들에게 주셨습니다.

  그런데 여기서 잘 살펴보아야 할 부분이 있습니다. 예수님께서는 그 미션 실현이 결코 제자들의 힘과 노력으로 되어지는 것이 아님을 강조하셨다는 사실입니다. 사도행전 1장 8절에 나오는 "오직 성령이 너희에게 임하시면 너희가 권능을 받고 예루살렘과 온 유대와 사마리아와 땅 끝까지 이르러 내 증인이 되리라 하시니라"라는 이 말씀의 핵심은 오직 성령으로, 성령이 임하면 그 힘을 가지고 증인된 삶을 살게 된다는 것입니다. 그래서 제자들은 성령이 임하실 때까지 마가다락방에 모여 예수님의 언약을 붙잡고 집중으로 기도했습니다. 그리고 그 언약이 성취되었음을 보여주는 말씀이 바로 사도행전 2장 말씀입니다. 성령이 강림하면서 본격적인 성령 시대가 개막된 것입니다. 지금 우리도 성령 시대를 살고 있습니다. 이번 챕터를 통해서는 하나님께서 왜 성령을 우리에게 보내셨는지에 대해 알아보도록 하겠습니다.

# 오순절에 임하신 성령

예수님께서는 승천하시기 전 제자들에게 예루살렘에 머물면서 하나님께서 약속하신 것을 기다리라고 말씀하셨습니다. 그러면 몇 날이 못 되어 성령으로 세례를 받게 될 것이라고 약속하셨는데, 그 언약이 성취되는 시점이 온 것입니다. 그날이 바로 오순절이었습니다. 오순절은 유월절과 이어지는 초실절로부터 50일이 되는 날입니다. 초실절은 가장 먼저 익은 보릿단을 하나님께 드리는 날로서 유월절 이후 첫 번째 안식일 다음 날입니다. 복잡하지만, 지금의 주일이라고 생각하시면 됩니다. 예수님은 이 초실절에 부활하셔서 잠자는 자들의 첫 열매가 되셨고, 40일 동안 제자들에게 하나님 나라의 일을 말씀하시고 승천하셨습니다. 그리고 나서 10일이 지난 오순절에 성령이 임하신 것입니다.

사실 성령은 과거에도 계셨고, 실제적으로 활동하셨습니다. 하지만 지금 오순절에 성령이 임하신 것에는 조금 더 특별한 의미가 있습니다. 오순절은 보리와 밀 추수를 통해 그 감사의 열매를 하나님께 드리는 날이었습니다. 이 오순절에 성령이 오신 것은 이제는 본격적인 영적 추수를 통해 생명의 열매를 하나님께 드려야 할 시간표가 왔다는 것을 말합니다. 사도행전 1장 8절의 언약 성취가 본격화되었다는 신호탄인 것입니다. 당시 유월절과 오순절이 되면 세계 곳곳에 흩어져 있었던 유대인 디아스포라들이 예루살렘으로 모두 모였습니다. 이것은 온 인류가 복음 안에서 하나가 되는 큰 비전을 보여주는 것입니다. 이는 영적인 추수, 즉 237나라 5천 종족 복음화에 쓰임받는 삶을 살아야 한다는 메시지입니다.

그리고 여기에 더해 우리가 더욱 감사해야 할 것이 있습니다. 구약 시대에는 성령이 하나님의 일을 감당하는 특정 인물에게 임하셨다가 떠나시기도 하셨습니다. 그런데 오순절 성령 강림 이후에는 이런 패턴이 사라졌습니다. 예수 그리스도를 영접하는 모든 자에게 성령이 임하게 되고, 한번 임한 성령은 영원토록 내주하게 되었습니다. 예수님께서 요한복음 14장 16~17절에 이 사실을 분명히 밝히고 계십니다. "내가 아버지께 구하겠으니 그가 또 다른 보혜사를 너희에게 주사 영원토록 너희와 함께 있게 하리니 그는 진리의 영이라 세상은 능히 그를 받지 못하나니 이는 그를 보지도 못하고 알지도 못함이라 그러나 너희는 그를 아나니 그는 너희와 함께 거하심이요 또 너희 속에 계시겠음이라" 이처럼 성령의 내주, 인도, 역사하심을 사실적으로 체험하는 것이 신앙생활의 맛이며, 힘이며, 생명입니다.

홀연히 하늘로부터 급하고 강한 바람 같은 소리가 있어 그들이 앉은 온 집에 가득하며
_ 사도행전 2:2

누가는 오순절 마가다락방에 성령이 어떻게 임하셨는지 구체적으로 밝히고 있습니다. 무엇보다 홀연히 하늘로부터 급하고 강한 바람 같은 소리가 있었다고 말씀했습니다. '홀연히'라는 것은 갑자기 일어났다는 것이고, '하늘로부터'라는 것은 성령 강림이 처음부터 끝까지 하나님께서 주도하신 하나님의 작품이라는 것을 말합니다. 이는 하나님께서 우리에게 주신 놀라운 선물입니다. 누가는 성령을 하늘로부터 온 바람에 비유하고 있습

니다. 성령을 히브리어로 '루아흐'라고 하고, 헬라어로는 '프뉴마'라고 합니다. 이 두 단어에는 모두 '바람'이라는 뜻이 있습니다. 하나님의 영인 성령을 이렇게 하는 표현한 이유가 있습니다. 성령은 눈에 보이지 않는 힘이기 때문입니다.

특히 앞의 성경 말씀에서는 성령을 일컬어 "급하고 강한 바람 같은 소리"라고 표현하고 있습니다. 이것은 갑자기 강한 바람이 불어올 때 나는 소리처럼 강력한 힘이 그들 가운데 임했다는 것을 말합니다. 이것이 무엇을 의미할까요? 성령의 바람이 불어서 재창조의 역사가 일어난 것을 가리킵니다. 창세기 2장 7절에 하나님의 생기가 들어가 아담이 생령이 되었듯이, 120명의 제자들에게 하나님의 호흡, 하나님의 생기가 임하는 재창조의 역사가 그 현장에 나타난 것입니다. 에스겔 37장의 모습을 여러분이 생각하면 더 쉽게 다가옵니다. 사방에서 불어온 하나님의 생기가 마른 뼈들에게 들어가자 그들이 살아나 극히 큰 군대를 이루었던 것과 같이 새로운 생명 회복의 시대가 열렸다는 것입니다.

교회사적으로는 오순절 마가다락방에 성령이 강림한 그때를 신약교회가 탄생한 때라고 말합니다. 우리가 일컫는 마가다락방교회, 초대교회가 바로 성령의 강림으로 출발한 것입니다. 복음주의 신학자 존 스토트 목사는 성령의 임재가 얼마나 중요한지에 대해 이렇게 강조했습니다.

"성령님이 계시지 않다면 그리스도의 제자가 된다는 것은 상상할 수도 없고, 불가능하다. 생명을 주시는 분이 없으면 생명은 있을 수 없고, 진리의 영이 없으면 깨달음이 없으며, 그분의 권능이 없이는 효과적인 증거를 할 수 없다. 호흡이 없는 육체가 시체인 것과 마찬가지로, 성령이 없는 교회는 죽은 것이다."

여러분은 성령이 여러분과 함께하심을 확신하고 계십니까? 그렇다면 본격적으로 열린 성령 시대의 주역으로 쓰임받을 수 있도록 생명 살리는 언약적 도전을 하시기 바랍니다.

## 성령을 보내신 이유

마치 불의 혀처럼 갈라지는 것들이 그들에게 보여 각 사람 위에 하나씩 임하여 있더니 그들이 다 성령의 충만함을 받고 성령이 말하게 하심을 따라 다른 언어들로 말하기를 시작하니라 _사도행전 2:3~4

누가는 성령이 임한 모습을 시각적으로 표현했습니다. 불의 혀처럼 갈라지는 것들이 저희에게 보여 각 사람 위에 하나씩 임하여 있었다고 말씀합니다. 이를 헬라어 원문으로 보면 잠깐 나타났다가 없어진 것이 아니라 계속 머물렀음을 나타냅니다. 어떤 분들은 이를 두고 불에만 초점을 맞춰서 성령이 임하면 뭔가 뜨거워지면서 감정적이고 감각적인 느낌이 드는 것이라 말하기도 합니다. 그런데 성경이 말하는 뜨거운 마음은 복음을 전하지 않고서는 견딜 수 없는 그런 마음을 나타내는 것임을 우리가 분명히 알아야 합니다.

무엇보다 누가가 앞의 성경 말씀에서 강조하는 것은 불의 혀처럼 갈라지는 것들이 각 사람 위에 하나씩 임하였다는 것입니다. 과거 구약시대에는 성령이 어느 특정인에게만 임했지만, 예수님의 구속 사역 이후 그것이 바뀌었습니다. 이제는 그리스도를 인생의 주인으로 모셔 들인 모든 사람에게 성령이 임하게 되었습니다. 그리고 놀라운 것은 마가다락방에 있던 120명 제자들 모두가 성령으로 충만해졌다는 것입니다. 성령 충만은 자기 생각과 자기 감정에 따른 삶이 아니라 성령의 지배와 통치를 받아서 성령께서 나의 생각과 언행을 주장하시는 것입니다. 하나님이 원하시는 생각을 내가 하고, 하나님이 원하시는 말을 내가 하고, 하나님이 원하시는 행동을 내가 하는 것이 성령 충만입니다.

그레에인과 아라비아인들이라 우리가 다 우리의 각 언어로 하나님의 큰 일을 말함을
듣는도다 하고 _사도행전 2:11

제자들이 성령의 충만함을 받자 나타나는 현상이 있었습니다. 그것은 바로 성령이 말하게 하심을 따라 각 나라 말로 말하기 시작했다는 것입니다. 앞의 성경 말씀을 보면 제자들이 각 나라의 방언으로 한 말이 무엇이었는지를 밝히고 있습니다. 지금 제자들이 각 나라의 방언으로 세상적인 이야기를 하거나, 무슨 사업적인 이야기를 한 것이 아니었습니다. 하나님의 큰 일을 말했습니다. 하나님의 큰 일이 무엇이었을까요? 바로 예수 그리스도를 통한 구원, 예수님의 십자가 대속과 부활이었습니다. 인간 스스로 해결할 수 없는 열두 가지 영적 문제에 빠져 죄와 저주 가운데서 영원히 죽을 수밖에 없는 운명에서 완전히 빠져나올 수 있는 유일한 길이 예수 그리스도이심을 증거한 것입니다.

이것을 지금 오순절을 지키기 위해 예루살렘에 와 있던 유대인 디아스포라들이 듣게 된 것입니다. 사도행전 2장 9~11절에 나오는 바대, 메대, 엘람, 메소포타미아는 지금의 이란, 이라크, 인도 지역입니다. 갑바도기아, 본도, 아시아, 브루기아, 밤빌리아는 소아시아 지역, 지금의 터키입니다. 그리

고 이집트와 리비아를 비롯한 아프리카 지역, 로마와 그리스 남쪽 섬인 그레데, 중동의 아라비아인들이 예루살렘에 와 있었습니다. 이들은 이미 세계화를 경험하고 시대를 앞선 엘리트들이었습니다. 갈릴리 사람들과는 비교할 수 없는 국제 감각을 지닌 자들이었습니다. 그런데 무식하기 그지없던 갈릴리 어부 출신들이 지금 자기네 나라의 말로 복음을 전하니까 큰 충격을 받은 것입니다.

그러면 이것을 본 이들이 이후 어떠한 행동을 취했겠습니까? 자기가 사는 나라에 돌아가서 가만히 있었겠습니까? 이 충격적인 내용을 다른 사람들에게 전달하지 않았겠습니까? 하나님께서 우리에게 성령을 주신 이유가 바로 이것입니다. 자기 혼자 잘되라고 주신 것이 아닙니다. 237나라 5천 종족을 살리라고 주신 것입니다.

우리는 당시 마가다락방에 임했던 성령 충만의 역사를 지금도 동일하게 체험할 수 있습니다. 전 세계 모든 현장에서, 그리고 우리나라에 들어온 다민족에게 하나님의 큰 일, 예수 그리스도의 십자가 대속과 부활의 복음을 전해야 합니다. 그들이 복음을 받고 제자화되어 각 나라로 돌아갈 때 이런 복음적 충격을 가지고 돌아갈 수 있도록 해줘야 합니다. 이를 위해 필요한 것이 바로 성령 충만입니다.

성령 충만

다 놀라며 당황하여 서로 이르되 이 어찌 된 일이냐 하며 또 어떤 이들은 조롱하여 이르되
그들이 새 술에 취하였다 하더라 _사도행전 2:12~13

성령의 충만함을 입은 제자들의 모습이 마치 술에 취한 것처럼 보였다고 나옵니다. 에베소서 5장 18절에도 보면 "술 취하지 말라 이는 방탕한 것이니 오직 성령으로 충만함을 받으라"고 말씀하고 있습니다. 술에 취하게 되면 평상시 자신의 모습과는 다르게 술기운에 의해 자기의 감정 상태나 언행이 달라지는 것을 빗대어 표현한 것입니다. 성령의 충만함도 마찬가지로 자기의 의지와 상관없이 성령의 기운에 이끌려 움직이게 됩니다.

술 취한 것과 성령 충만을 비교해 보면 재미있는 부분이 몇 가지 있습니다. 첫째, 술에 취하면 말이 많아집니다. 평상시 아무 말도 없던 사람이 술에 취하면 달라집니다. 성령 충만해도 말이 많아집니다. 입을 열면 쉴 새 없이 은혜받은 이야기가 쏟아져 나오는 것입니다. 술 취한 사람은 했던 말을 계속해서 반복하는데, 성령으로 충만해도 그렇습니다. 무슨 말을 반복하겠습니까? 바로 예수 그리스도에 대한 말을 반복하는 것입니다. 요한복음 15장 26절에 보면, 예수님께서 "진리의 성령이 오실 때에 그가 나를 증언하실 것이요"라고 말씀하고 있습니다. 성령은 예수 그리스도를 증언하시는 영이시기 때문에 자연스럽게 성령으로 충만하면 예수 그리스도를 증언하게 되어 있는 것입니다.

둘째, 술에 취하면 담대해집니다. 제정신이 아닙니다. 즐겁습니다. 모두와 친구가 됩니다. 성령에 취한 사람도 그렇습니다. 가만히 있을 수가 없습니다. 경계가 사라지고 모든 사람을 친구로 사귑니다. 모르는 사람에게 말을 걸어 복음을 전하고, 평상시 전도에 전혀 관심 없던 사람이 자기도 모르게 전도하고 핍박도 받고 심지어 순교도 하게 됩니다.

마지막으로 매일 술에 취해 있으면 결국 술에 중독됩니다. 술에 중독되면 모든 것이 피폐해지지만, 성령에 중독되면 정반대의 결과가 나옵니다. 성삼위 하나님과 24시간 소통하는 최상의 상태가 되는 것입니다. 보좌의 축복을 누리며 시공간을 초월하여 전 세계에 빛을 비추는 권능의 삶을 살게 되어 있습니다. 독자 여러분, 술에 취하는 것이 아니라 성령의 충만함을 받으시길 바랍니다. 이를 통해 활짝 열린 성령 시대의 주역으로 멋지게 서게 되시기를 예수 그리스도의 이름으로 축복합니다.

# 04

## 예수 부활의 증인!

22 이스라엘 사람들아 이 말을 들으라 너희도 아는 바와 같이 하나님께서 나사렛 예수로 큰 권능과 기사와 표적을 너희 가운데서 베푸사 너희 앞에서 그를 증언하셨느니라 23 그가 하나님께서 정하신 뜻과 미리 아신 대로 내준 바 되었거늘 너희가 법 없는 자들의 손을 빌려 못 박아 죽였으나 24 하나님께서 그를 사망의 고통에서 풀어 살리셨으니 이는 그가 사망에 매여 있을 수 없었음이라 25 다윗이 그를 가리켜 이르되 내가 항상 내 앞에 계신 주를 뵈었음이여 나로 요동하지 않게 하기 위하여 그가 내 우편에 계시도다 26 그러므로 내 마음이 기뻐하였고 내 혀도 즐거워하였으며 육체도 희망에 거하리니 27 이는 내 영혼을 음부에 버리지 아니하시며 주의 거룩한 자로 썩음을 당하지 않게 하실 것임이로다 28 주께서 생명의 길을 내게 보이셨으니 주 앞에서 내게 기쁨이 충만하게 하시리로다 하였으므로 29 형제들아 내가 조상 다윗에 대하여 담대히 말할 수 있노니 다윗이 죽어 장사되어 그 묘가 오늘까지 우리 중에 있도다 30 그는 선지자라 하나님이 이미 맹세하사 그 자손 중에서 한 사람을 그 위에 앉게 하리라 하심을 알고 31 미리 본 고로 그리스도의 부활을 말하되 그가 음부에 버림이 되지 않고 그의 육신이 썩음을 당하지 아니하시리라 하더니 32 이 예수를 하나님이 살리신지라 우리가 다 이 일에 증인이로다

_사도행전 2:22~32

# 부활의 참 소망을 전하는 삶

 앞의 성경 말씀에는 사도 베드로의 첫 번째 설교가 기록되어 있습니다. 베드로의 첫 설교이자 초대교회의 첫 설교였고, 지금도 설교의 모범으로 불립니다. 지난 챕터에서 살펴본 것처럼 예수님께서 언약하신 대로 오순절 마가다락방에 성령이 강림하셨습니다. 거기에 모여 기도하던 120명의 제자들이 전부 다 성령 충만을 받았습니다. 당시 수배 대상자들이었던 예수님의 제자들은 언제 어떻게 체포될지 모르는 상태였습니다. 그런데 성령의 충만함을 받으니 모든 두려움이 사라지고 성령에 이끌려 놀라운 말씀을 선포한 것입니다.

 "베드로가 열한 사도와 함께 소리를 높여 이르되"라고 선포한 메시지의 핵심이 무엇이었을까요? 바로 예수 그리스도의 십자가 대속과 부활의 복음이었습니다. 사도행전 2장 36절에 보면 베드로가 "너희가 십자가에 못 박은 이 예수를 하나님이 주와 그리스도가 되게 하셨느니라"라고 선포합니다. 부활을 통해 예수님이 그리스도였음을 하나님께서 확증하셨다는 것입니다. 이처럼 베드로가 전한 첫 설교의 핵심 중의 핵심은 예수 그리스도의 부활이었습니다. 그리고 그 부활의 주체가 바로 하나님이심을 강조한 것입니다. 사도행전 2장 32절에서는 "이 예수를 하나님이 살리신지라"고 밝히고 있습니다. 부활은 하나님의 절대 주권적 역사하심이었다는 것입니다.

 베드로는 자신들이 이 일의 증인이라고 강조합니다. 예수님의 부활을 직접 목격하고, 예수님의 감람산 강단 메시지를 직접 듣고, 예수님께서 주신 237나라 5천 종족 복음화라는 영원한 미션을 부여받았습니다. 그리고 예수님의 승천까지 실제로 보고 다시 오실 것에 대한 언약까지 붙잡았던 것입니다. 이것은 지금 우리의 삶이 되어야 합니다. 우리는 예수 그리스도의 부활의 증인이 되어야 하며, 주님이 다시 오실 그때까지 부활의 참 소망을 전하는 삶을 살아야 합니다. 생즉명(生卽命), '살아 있다는 것은 사명이 있다'는 의미입니다. 그 사명이 무엇입니까? 예수 부활의 증인으로 서는 것입니다. 예수님의 부활이 곧 우리의 부활에 대한 소망이며, 우리 인생에 대한 하나님의 완벽한 보장이라는 사실에 감사하시기 바랍니다.

## 하나님의 언약 성취 ✒

> 베드로가 열한 사도와 함께 서서 소리를 높여 이르되 유대인들과 예루살렘에 사는 모든 사람들아 이 일을 너희로 알게 할 것이니 내 말에 귀를 기울이라 때가 제 삼 시니 너희 생각과 같이 이 사람들이 취한 것이 아니라 _사도행전 2:14~15

 오순절 마가다락방에 성령이 강림하신 이후 제자들은 성령으로 충만해졌습니다. 그리고 놀랍게도 전혀 배워본 적이 없었던 각 나라 방언을 통해 하나님의 큰 일을 예루살렘에 모여 있던 유대인 디아스포라들에게 선포했습니다. 예수 그리스도의 십자가 대속과 부활의 놀라운 복음, 하나님의 큰 일을 선포할 때 각기 다른 언어를 사용하던 디아스포라들이 다 알아듣는 놀라운 역사가 일어났습니다. 이것이 무엇을 상징할까요? 오순절 마가다락방에 임한 각 나라 방언을 통해 바벨탑 사건의 반전이 일어난 것입니다. 창세기 11장에 보면 바벨탑을 쌓으며 하나님을 대적하는 교만의 극치를 향해 치닫고 있던 사람들을 하나님께서 흩으셨는데, 그 방법이 바로 사람들의 언어를 혼잡하게 하신 것이었습니다. 그런데 이렇게 열방으로 흩어졌던 자들이 오순절이라는 시간표에 한 자리에 모이게 되었고, 자기 나라의 언어로 하나님의 복음을 듣게 된 것입니다. 한마디로 예수가 그리스도 되신다는 유일성의 복음을 받아들이게 되면 모두가 하나님의 자녀가 될 수 있다는 영적 회복의 메시지를 주신 것입니다. 천하만국이 복음을 듣고 구원을 얻게 될 시간표가 도래했다는 것입니다. 예수님께서 사도행전 1장 8절에 주신 언약이 실현 불가능한 막연한 몽상이 아니라, 성령의 역사와 인도하심을 따라 현장에서 실현될 것을 확신시켜 주셨고, 제자들이 이것을 실제 체험한 것입니다.

그런데 이런 영적 의미를 이해하지 못했던 유대인 디아스포라들은 제자들이 새 술에 취했다고 했습니다. 성령이 오심으로 인해 활짝 열린 새 시대에 대해 전혀 감을 잡지 못했던 것입니다. 그래서 베드로가 대표로 나서 오순절 성령 강림의 참된 의미를 선포했습니다. 앞의 성경 말씀을 보면 베드로가 설교를 시작하면서 성령 충만함을 받았던 그 시간이 제 삼시라고 밝히고 있습니다. 유대인의 제 삼시는 지금의 오전 9시입니다. 보다 구체적으로 주일 오전 9시에 성령이 강림한 것이었습니다. 이때는 유대인들이 가장 경건하게 정시 기도를 드리는 시간이었습니다. 그러니 이들의 생각과 같이 취해서 그런 것이 아니었으며, 그것은 요엘 2장 28절에 예언된 말씀의 성취였음을 선포한 것입니다.

이는 곧 선지자 요엘을 통하여 말씀하신 것이니 일렀으되 하나님이 말씀하시기를 말세에 내가 내 영을 모든 육체에 부어 주리니 너희의 자녀들은 예언할 것이요 너희의 젊은이들은 환상을 보고 너희의 늙은이들은 꿈을 꾸리라 _사도행전 2:16~17

성령의 충만함을 받았던 베드로는 하나님의 언약이 성취되었음을 선포했습니다. 오순절 성령 강림 사건은 우연히 돌발적으로 일어난 것이 아니라 이미 구약의 선지자들을 통해 예언하시고, 계획하셨던 것이 하나님의 시간표에 따라 성취되었습니다. 대표적으로 요엘서의 말씀을 인용하면서, 어느 특정인에게만 하나님의 영을 부어주시는 것이 아니라 모든 육체에 부어주겠다고 말씀하셨습니다. 그러면서 모든 세대가 누리는 성령의 축복을 전합니다. "너희의 자녀들은 예언할 것이요 너희의 젊은이들은 환상을 보고 너희의 늙은이들은 꿈을 꾸리라"라는 이 말씀은 우리가 일반적으로 생각하는 그런 예언, 환상, 꿈의 의미가 아닙니다. 예언한다는 것은 단순히 미래의 일을 예측하는 것이 아니라 그 입을 통해 하나님의 말씀이 선포되는 것입니다. 환상과 꿈도 마찬가지로 뭔가 신비한 체험이 아닙니다. 우리가 쉽게 이해할 수 있는 것, CVDIP(Covenant-언약, Vision-비전, Dream-꿈, Image-이미지, Practice-실현)의 언약적 삶이 환상과 꿈입니다. 성령이 임하게 되면 CVDIP의 언약적 삶을 살게 되고, 그 삶을 통해 생명이 살아나는 역사를 체험하게 된다는 것입니다. 이것은 나이가 어리고, 나이가 많이 들었다는 것에 제한받는 것이 아닙니다. 모든 것을 초월하는 성령의 권능을 힘입게 되면 누구나 가능하다는 것입니다. 절대 불가능이 절대 가능으로 바뀌는 것입니다.

특히 베드로는 사도행전 2장 21절에 "누구든지 주의 이름을 부르는 자는 구원을 받으리라"는 말씀을 선포합니다. 오순절 성령 강림은 결국 그리스도를 드러내기 위함이라는 것입니다. 성육신과 십자가 사건, 부활, 승천으로 이어진 예수님의 지상 사역은 궁극적으로 하나님의 언약 성취이며, 그것이 우리에게 구원을 주시기 위한 여정이었음을 강조하고 있습니다. 무엇보다 지금까지 이스라엘을 중심으로 이뤄졌던 하나님의 구속 사역이 이제 237나라 5천 종족으로 그 범위가 확장되었음을 보여준 것입니다.

인도 선교사였던 헨리 마틴은 "그리스도의 영은 선교의 영이다. 우리가 주님께 가까이 가면 갈수록 우리는 더 강력한 선교의 마음을 갖게 된다."라고 했습니다. 주님과 깊이 소통하면 할수록 우리는 더 강한 선교의 마음을 갖게 되는 것이 지극히 정상적이고, 성경적 삶을 사는 것이라는 사실을 우리가 깨달아야 합니다.

## 다윗의 부활 신앙

이스라엘 사람들아 이 말을 들으라 너희도 아는 바와 같이 하나님께서 나사렛 예수로 큰 권능과 기사와 표적을 너희 가운데서 베푸사 너희 앞에서 그를 증언하셨느니라 그가 하나님께서 정하신 뜻과 미리 아신 대로 내준 바 되었거늘 너희가 법 없는 자들의 손을 빌려 못 박아 죽였으나 하나님께서 그를 사망의 고통에서 풀어 살리셨으니 이는 그가 사망에 매여 있을 수 없음이라 _사도행전 2:22~24

베드로가 전한 첫 번째 설교의 핵심은 예수 그리스도의 십자가 대속과 부활의 복음이었습니다. 이 모든 것이 하나님의 언약 성취이며 절대 주권적 역사하심이었음을 밝히고 있습니다. 참 독특한 표현은 예수님이 사망에 매여 있을 수 없는 분이시라는 것입니다. 여기에는 중요한 신학적 의미가 담겨 있습니다. 예수님은 잠시나마 사망에 매여 있었지만, 사망 권세를 이기시고 부활하셨다는 것입니다. 왜 예수님이 잠시나마 사망에 매여 계셨을까요? 여기에는 하나님의 놀라운 사랑과 공의가 담겨 있습니다.

창세기 3장 사건으로 인해 모든 남자의 후손은 영원한 멸망 길로 갈 수밖에 없는 죄인 된 존재로 태어납니다. 출생 자체가 원죄를 가진 죄인으로 태어나는 것입니다. 이런 죄의 문제를 어떻게 해결해야 할까요? 죄 문제 해결을 위해서는 반드시 그 대가를 치러야만 합니다. 구약에서는 희생 제사를 통해 그 대가를 치르게 하셨습니다. 그런데 이런 희생 제사는 일시적이었고, 근원적인 해결책이 아니었습니다.

그래서 예수님이 인간이 지은 모든 죄를 위하여 한번에 영원한 제사를 드렸는데, 그것이 바로 십자가 대속이었습니다. 여기에 하나님의 사랑과 공의가 있는 것입니다. 히브리서 2장 14~15절에 보면 예수님께서 우리처럼 혈과 육을 함께 지니신 이유가 "죽음을 통하여 죽음의 세력을 잡은 자 곧 마귀를 멸하시며 또 죽기를 무서워하므로 한평생 매여 종 노릇하는 모든 자들을 놓아 주려 하심이니"라고 밝히고 있습니다. 예수님께서 마귀를 멸하시고, 사망의 종 노릇하던 우리를 해방시켜 주시기 위해 십자가를 지셨습니다.

놀라운 것은 이런 죄의 문제가 완벽히 해결되었다는 증거로 부활하셨다는 것입니다. 사망이 더 이상 왕 노릇하지 못하는 상태가 된 것입니다. 사도 바울은 로마서 6장 8~9절에 이렇게 고백합니다. "만일 우리가 그리스도와 함께 죽었으면 또한 그와 함께 살 줄을 믿노니 이는 그리스도께서 죽은 자 가운데서 살아나셨으매 다시 죽지 아니하시고 사망이 다시 그를 주장하지 못할 줄을 앎이로라" 예수 그리스도의 부활이 있기 때문에 우리는 더 이상 사망에 매여 사는 그런 존재가 아닙니다.

베드로는 사도행전 2장 25~31절에서 다윗이 기록한 시편 16편의 말씀을 인용하여 예수님의 부활을 설명합니다. 유대인들에게 최고의 영웅으로 추앙받고 있던 다윗이 예수님의 부활을 예언한 선지자요 대표적인 증인이었다는 것입니다. 사도행전 2장 30~31절을 보면, "그는 선지자라 하나님이 이미 맹세하사 그 자손 중에서 한 사람을 그 위에 앉게 하리라 하심을 알고 미리 본 고로 그리스도의 부활을 말하되 그가 음부에 버림이 되지 않고 그의 육신이 썩음을 당하지 아니하시리라 하더니"라고 되어 있습니다. 다윗은 예수님의 부활을 알고 미리 보았다는 것입니다. 예수님의 육신이 썩음을 당하지 않고 부활하실 것을 다윗이 미리 알았다는 것을 말합니다. 예수님께서 이 땅에 오시기 천 년 전에 이미 다윗은 부활 신앙을 가지고 살던 것입니다.

여기서 우리가 잘 보아야 할 것은 다윗이 잘나서 그러한 삶을 산 것이 절대 아니라는 사실입니다. 사도행전 4장 25절에 보면 그것이 성령의 감동으로 이루어진 것을 밝히고 있습니다. 마태복음 22장 43절에 보면 예수님께서도 다윗이 성령에 감동되어 그리스도를 주라 칭하였다고 밝히고 있습니다. 베드로가 이렇게 구약의 말씀을 인용해서 예수 그리스도의 십자가와 부활을 선포하는 것도 전부 다 성령의 역사였습니다. 그만큼 성령의 내주, 인도, 역사하심이 중요한 것입니다.

사도행전 2장 25~28절에 보면 부활 신앙 가진 자의 모습이 어떠한지를 다윗이 잘 보여주고 있습니다. 부활 신앙을 가졌던 다윗의 삶을 한마디로 표현하면 기쁨이었습니다. 다윗은 항상 자신 앞에 계신 주를 뵈었기 때문에 '자기 마음이 기뻐하였고, 자신의 혀는 즐거워하였다'고 밝히고 있습니다. 주께서 부활 생명의 길을 자신에게 보이셨기 때문에 자신은 기쁨이 충만한 삶을 살고 있다는 것입니다. 부활 신앙을 가진 자는 이처럼 기쁨이 충만한 삶을 살게 되어 있습니다. 여러분 삶 속에 기쁨이 사라졌다면 예수님의 부활을 묵상해 보시기 바랍니다. 예수님의 부활이 곧 나의 부활로 이어진다는 사실을 깊이 묵상하다 보면 참 기쁨, 참 감사, 참 소망이 회복될 것입니다. 우리는 부활 소망의 기쁨을 가진 존재입니다.

호주 출신의 유명한 신약학자였던 레온 모리스는 부활의 능력에 대해 "그리스도를 죽은 자 가운데서 살리신 권능이 우리 안에 역사한다. 부활은 현재진행형이다."라고 고백했습니다. 우리의 부활은 장차 예수 그리스도의 재림으로 완성되지만, 중요한 것은 지금도 그 부활의 능력을 체험하는 삶을 살아야 하는 것입니다. 부활은 현재진행형이라는 사실을 놓치지 마시기 바랍니다.

우리가 성령의 권능에 힘입으면 우리 힘으로 결코 넘어설 수 없는 인생의 모든 장애물을 쉽게 넘어설 수 있게 됩니다. 베드로가 담대히 부활의 증인이라는 고백을 할 정도로 부활 메시지를 선포했던 것은 성령의 권능에 힘입었기 때문입니다. 베드로에게 성령 충만 이전까지는 모든 것이 장애물이었습니다. 성령의 권능에 힘입게 되니까 모든 장애물이 이제는 문제가 되지 않았습니다. 담대히 부활의 언약 성취를 선포한 것입니다.

그 결과 어떻게 되었습니까? 사도행전 2장 41절을 보면, "이 날에 신도의 수가 삼천이나 더하더라"라고 되어 있습니다. 삼천 명이 주께 돌아오는 현장 변화의 증거가 일어난 것입니다. 우리도 반드시 응답하실 성령의 역사를 믿으며 언약적 도전을 해야 합니다. 주의 성령께서 언약적 도전하는 그 현장, 그 전도자에게 충만히 임하실 것입니다. 그것이 사도행전의 역사였습니다. 여러분, 삶의 현장에서 언약적 도전을 하시기 바랍니다. 이를 통해 모든 독자 여러분이 전도와 선교 망대를 세우는 부활의 증인으로 당당히 서게 되시기를 예수 그리스도의 이름으로 축복합니다.

# 05

# 성령 충만한 교회!

⁴² 그들이 사도의 가르침을 받아 서로 교제하고 떡을 떼며 오로지 기도하기를 힘쓰니라 ⁴³ 사람마다 두려워하는데 사도들로 말미암아 기사와 표적이 많이 나타나니 ⁴⁴ 믿는 사람이 다 함께 있어 모든 물건을 서로 통용하고 ⁴⁵ 또 재산과 소유를 팔아 각 사람의 필요를 따라 나눠 주며 ⁴⁶ 날마다 마음을 같이하여 성전에 모이기를 힘쓰고 집에서 떡을 떼며 기쁨과 순전한 마음으로 음식을 먹고 ⁴⁷ 하나님을 찬미하며 또 온 백성에게 칭송을 받으니 주께서 구원 받는 사람을 날마다 더하게 하시니라 _사도행전 2:42~47

ACTS

# 초대교회의 본질적 모습

성령이 강림하시자 마가다락방에 모여 기도하고 있던 120명의 제자들은 모두 다 성령 충만함을 입고 각 나라 방언으로 하나님의 큰 일을 선포했습니다. 오순절을 맞아 예루살렘에 모여 있던 수많은 유대인 디아스포라들은 갈릴리 촌구석 출신 어부들이 어떻게 자기가 살고 있는 나라의 언어로 예수 그리스도의 십자가 대속과 부활의 복음을 전하는지 도대체 이해할 수가 없었습니다. 어떤 사람들은 조롱하면서 이들이 새 술에 취한 것이 아니냐고 말할 정도였습니다.

하지만 베드로가 열한 사도 함께 이들을 향해 새 술에 취한 것이 아님을 언급하면서 예수 그리스도의 십자가 대속과 부활이 하나님의 언약 성취이며, 절대 주권적 역사하심이라는 사실을 선포했습니다. 사도행전 2장 36절에서 베드로는 "그런즉 이스라엘 온 집은 확실히 알지니 너희가 십자가에 못 박은 이 예수를 하나님이 주와 그리스도가 되게 하셨느니라"라고 이 설교의 결론을 맺었습니다. 예수님이 너희가 그렇게 기다리던 메시아요 그리스도이시며, 자신들이 이 일에 증인이라는 것입니다. 당시 베드로가 선포한 십자가와 부활의 복음을 들었던 사람들 가운데 3천 명이 주께 돌아오는 놀라운 역사가 일어남으로써 초대 마가다락방교회의 활동이 본격적으로 시작되었습니다.

지금도 교회의 위기가 찾아왔을 때, 개혁의 기치를 들 때마다 "초대교회로 돌아가자!"라는 주장을 많이 합니다. 왜 초대교회로 돌아가자는 것일까요? 그 답이 바로 이번 챕터의 제목인 '성령 충만한 교회'입니다. 초대교회는 성령으로 충만한 교회였습니다. 우리는 초대교회가 가지고 있었던 이 본질적 모습을 회복해야 합니다.

# 하나님의 망대를 세우는 교회

> 그들이 사도의 가르침을 받아 서로 교제하고 떡을 떼며 오로지 기도하기를 힘쓰니라
> _사도행전 2:42

누가는 성령 충만한 초대교회의 모습을 설명하면서 제일 먼저 이들이 사도의 가르침을 받았다고 했습니다. 이것은 사도들이 말씀의 망대를 세웠다는 것입니다. 망대는 문자적으로 적이나 주위의 동정을 살피기 위하여 높이 세운 대를 말합니다. 이를 영적으로 적용한 것으로, 우리를 영적인 파수꾼으로서 깨어 있는 삶을 살게 하는 플랫폼을 말하는 것입니다. 사도들이 세운 망대의 내용이 무엇일까요? 바로 사도행전 1장 1, 3, 8절이었습니다. 성경의 핵심이자 결론인 오직 그리스도, 오직 하나님의 나라, 오직 성령 충만을 선포한 것입니다. 이는 성삼위 하나님을 나타내며, 인류 구원을 위한 성삼위 하나님의 놀라운 사역과 섭리, 역사하심이 담겨있습니다.

사도행전 1장 1, 3, 8절로 각인, 뿌리, 체질화된다는 것은 24시간 성삼위 하나님으로 충만하여, With, Immanuel, Oneness를 체험하는 것입니다. 그렇게 되면 어떻게 될까요? 자신의 수준, 환경을 뛰어넘어 영원의 인생 작품을 만드는 삶으로 자연스럽게 나아가게 됩니다.

사도의 가르침을 받았다는 것은 지금 표현으로 하면 강단 메시지를 확실히 붙잡았다는 말입니다. 강단에서 선포되는 하나님의 말씀을 언약으로 붙잡

고 그 말씀을 자신의 삶 속에 사실적으로 적용했다는 것입니다. 그래서 강단이 중요합니다. 사도 바울도 로마서 10장 17절에 "그러므로 믿음은 들음에서 나며 들음은 그리스도의 말씀으로 말미암았느니라"고 강조하고 있습니다. 말씀을 제대로 듣게 되면 깨닫게 되고, 그 말씀을 실행하는 자리로 나아가게 되어 있습니다. 이것이 하나님의 망대를 내 안에 세우는 것입니다.

사도의 가르침을 받았던 초대교회 성도들도 이런 모습을 보여줍니다. 사도행전 2장 42절의 "그들이 사도의 가르침을 받아 서로 교제하고 떡을 떼며 오로지 기도하기를 힘쓰니라"라는 말씀에서 보듯이 사도의 가르침을 따라 성삼위 하나님과 영적 소통을 이룬 다음에 나타난 것이 서로 교제하고 떡을 떼는 것이었습니다. 이것은 막연한 교제가 아니라 포럼을 의미합니다. 말씀을 통해 은혜 받은 것을 나누는 말씀 포럼, 기도 응답과 기도 제목을 나누는 기도 포럼, 현장에서 나를 통해 복음이 전해진 축복을 나누는 전도 포럼을 가리킵니다. 그리고 이런 포럼을 나눌 때 떡을 떼는 것처럼 뭔가 먹는 것도 같이하면 아주 분위기가 좋아지게 됩니다. 자연스럽게 물 흐르듯이 영적인 은혜가 흘러가는 것입니다.

초대교회 성도들은 하나님의 말씀을 받고 떡을 떼며 교제를 나눈 후 기도하기를 힘썼다고 표현하고 있습니다. 이것은 개인적인 기도라기보다는 서로를 위해서, 교회를 위해서, 상처받고 절망 중에 있는 성도들을 위해서, 237나라 5천 종족 복음화를 위해서 합심으로 집중 기도를 했다는 것입니다. 특히 서로의 믿음을 위해서 기도했을 것입니다. 당시 예수님을 믿는다는 것은 생명을 거는 일이었습니다. 로마의 속국으로 사는 것 자체도 힘이 드는데, 같은 동족의 위협 속에서 언제 어떻게 붙잡혀 순교를 당할지 모르는 몇 배나 힘든 삶을 살고 있었습니다. 그래서 온갖 핍박과 위기 속에서도 오직의 믿음을 굳건히 지킬 수 있도록 기도했던 것입니다.

 이런 합심기도, 중보기도는 영적 시너지 효과를 거두게 되어 있습니다. 단순히 혼자 기도하는 것 이상으로 큰 역사가 있게 됩니다. 마가다락방에 120명이 모여서 기도했을 때 성령이 임하셨습니다. 사도행전 12장을 보면 베드로가 옥에 갇혔을 때 교회가 그를 위하여 합심으로 기도하였으며, 그 때 베드로가 천사의 도움으로 감옥을 탈출하는 장면이 나옵니다. 합심하는 기도에 큰 능력이 임하게 된다는 사실을 분명히 알아야 합니다.

## 더하여 주심을 체험하는 교회✐

사람마다 두려워하는데 사도들로 말미암아 기사와 표적이 많이 나타나니 _사도행전 2:43

 초대교회 성도들이 사도의 가르침을 받고 서로 교제하며 떡을 떼고 기도에 힘썼을 때 주변 사람들의 반응입니다. 사람들이 두려워하였다고 했는데, 이 두려움은 단순한 무서움이 아니라 놀라는 것입니다. 초대교회에는 사도들로 인하여 기사와 표적이 많이 나타났습니다. 영적 생명을 살리기 위하여 눈에 보이는 가시적인 증거가 많이 나타난 것입니다. 예수 그리스도 이름을 선포했을 때 귀신이 떠나가고 각종 질병이 치유되는 큰 증거가 일어났습니다.

 비단 이뿐이 아니었습니다. 사도행전 2장 44~45절에서는 "믿는 사람이 다 함께 있어 모든 물건을 서로 통용하고 또 재산과 소유를 팔아 각 사람의 필요를 따라 나눠 주며"라며, 유무상통(有無相通)하는 것이 아주 자연스럽게 되었음을 보여 줍니다. 사실 자기 재산이 아깝지 않은 사람은 없습니다.

그런데 당시 초대교회 성도들은 성령을 받음으로써 창세기 3장의 자기중심이라는 틀이 깨졌습니다. 당시는 너무나 경제적으로 어려운 시기였습니다. 로마의 속국에다가 동족에게까지 핍박을 받고 있으니 삶이 궁핍할 수밖에 없었습니다. 그런데도 성령을 받은 성도들은 자신들의 물질을 내어놓고 함께 공유한 것입니다. 성령 충만이 아니고는 설명할 수 없는 현상입니다.

그리고 사도행전 2장 46~47절을 보면, 이들은 '날마다 마음을 같이 하여 성전에 모이고 집에서 모이기를 힘썼다'는 것을 알 수 있습니다. 일단 모이는 것이 즐거운 사람은 성령 충만한 사람입니다. 예배를 통해 은혜 받은 사람은 모이는 것을 즐겨하고, 교회를 떠나는 것이 뭔가 아쉽고, 뭔가 같이 하고 싶은 마음이 커지게 됩니다. 구원의 감격, 영생의 축복에 대한 기쁨이 넘쳐흘러서 같이 교제를 나누는 것이 너무나 자연스럽게 되는 것입니다. 무엇보다 이들은 모여서 하나님을 전심으로 찬양했습니다. 결국 그러한 삶의 모습을 통해 이들의 삶은 온 백성에게 칭송을 듣게 되었고, 영혼 구원의 역사가 일어났습니다. "주께서 구원 받는 사람을 날마다 더하게 하시니라"라는 이 모습이 바로 성경적 부흥의 모습입니다.

알랜 크라이더 교수가 쓴 「초대교회에 길을 묻다」라는 책에 보면 이런 내용이 나옵니다. "초대교회는 10년마다 평균 40% 정도의 매우 급격한 성장을 이루었다. 이 성장은 그리스도교가 불법이고 그리스도인들이 무시당하던 상황에서 이루어졌다."라며, 그 성장의 이유에 대해 "다른 사람이 보기에 이상하지만 매우 흥미로웠기 때문"이라고 밝히고 있습니다. 초대교회가 외부인들과 불신자들에게 주는 매력이 있었다는 것입니다. 크라이더 교수는 그것을 가리켜 '영적 능력과 생명을 주는 일탈'이라고 언급했습니다.

당시 사도들을 통해 나타났던 기사와 표적을 통해 이들은 충격을 받았습니다. 예수 그리스도 이름의 권세 앞에 귀신이 떠나가고 질병이 치유되는 초자연적 역사가 눈에 보이게 일어났기 때문입니다. 초대교회 성도들이 보여준 모습은 당시의 문화로서는 상상하기 힘든 일들이었습니다. 그들은 재산과 소유를 팔아 각 사람의 필요를 따라 나눠주고, 날마다 모이기를 힘썼습니다. 성전에서도 모이고 집에서도 모였는데, 여기에는 남녀노소가 따로 없었습니다. 남녀의 활동이 지극히 제한적이었던 당시 관념으로는 남녀가 성전과 집에서 함께 모여 교제하는 것은 상상할 수가 없었습니다. 또 성만찬을 할 때 살과 피를 나눈다는 의미를 문자적으로 해석한 사람들로부터 식인종이라는 오해를 받으며 비윤리적 집단으로 매도당할 정도였습니다. 그래서 일탈이라고 표현한 것입니다.

 그런데 중요한 것은 그것이 무슨 문제를 일으키는 것이 아니라 생명을 주는 일탈이었다는 것입니다. 한마디로 초대교회 성도들은 옛 틀을 깬 것입니다. 온 백성에게 칭송을 받을 정도로 복음의 선한 영향력을 입히는 복음의 새 틀을 갖춘 것입니다. 우리의 삶도 영적 능력과 생명을 주는 일탈이 되어야 할 것입니다. 불신자들이 보고 감동할 정도로 영적 매력이 있는 삶을 살아야 합니다. 그렇게 될 때 날마다 구원 받는 사람을 더하여 주시는 은혜를 체험하게 되어 있습니다. 모든 독자 여러분이 생명적 역동이 흘러넘치는 삶을 살아감으로써 영적 매력을 발산하게 되시기를 예수 그리스도의 이름으로 축복합니다.

# 06

# 영적 권세를 사용하는 신앙생활!

¹ 제 구 시 기도 시간에 베드로와 요한이 성전에 올라갈새 ² 나면서 못 걷게 된 이를 사람들이 메고 오니 이는 성전에 들어가는 사람들에게 구걸하기 위하여 날마다 미문이라는 성전 문에 두는 자라 ³ 그가 베드로와 요한이 성전에 들어가려 함을 보고 구걸하거늘 ⁴ 베드로가 요한과 더불어 주목하여 이르되 우리를 보라 하니 ⁵ 그가 그들에게서 무엇을 얻을까 하여 바라보거늘 ⁶ 베드로가 이르되 은과 금은 내게 없거니와 내게 있는 이것을 네게 주노니 나사렛 예수 그리스도의 이름으로 일어나 걸으라 하고 ⁷ 오른손을 잡아 일으키니 발과 발목이 곧 힘을 얻고 ⁸ 뛰어 서서 걸으며 그들과 함께 성전으로 들어가면서 걷기도 하고 뛰기도 하며 하나님을 찬송하니 ⁹ 모든 백성이 그 걷는 것과 하나님을 찬송함을 보고 ¹⁰ 그가 본래 성전 미문에 앉아 구걸하던 사람인 줄 알고 그에게 일어난 일로 인하여 심히 놀랍게 여기며 놀라니라 _사도행전 3:1~10

# 기도가 이끄는 현장 변화

제 구 시 기도 시간에 베드로와 요한이 성전에 올라갈새 나면서 못 걷게 된 이를
사람들이 메고 오니 이는 성전에 들어가는 사람들에게 구걸하기 위하여 날마다
미문이라는 성전 문에 두는 자라 그가 베드로와 요한이 성전에 들어가려 함을
보고 구걸하거늘 _사도행전 3:1~3

유대인들은 하루 세 번 정해진 시간에 기도를 드립니다. 주로 오전 아홉
시, 정오, 오후 세 시였습니다. 당시 유대인들은 해가 뜨고 지는 것을 기준
으로 시간을 정했습니다. 해가 뜰 무렵이 한 시이고 해가 질 무렵이 열두 시
가 됩니다. 그래서 제 구 시라는 것은 오후 세 시를 가리킵니다. 이렇게 하
루에 세 번 시간을 정하여 기도한다는 것은 하루 종일 하나님을 생각한다
는 의미입니다.

기도의 삶 속에 큰 능력이 임하게 되어 있습니다. 아침에 눈을 뜨면 하루를
기도로 시작하시기 바랍니다. 낮 시간에도 많은 만남과 사건 속에서도 기
도를 해야 합니다. 그리고 밤에는 깊은 기도 속으로 들어가 말씀을 묵상하
고 강단의 흐름 속에서 답을 내고 잠자리에 드는 것입니다. 이렇게 24시간
기도 속에 있으면 영원의 초월적 응답을 체험하게 됩니다.

하나님은 제 구 시 기도 시간에 성전에 올라가던 베드로와 요한에게 한 사
건을 예비해 두셨습니다. 바로 나면서 앉은뱅이 된 사람과의 만남이었습니
다. 이 사람은 날마다 성전 미문에 앉아 구걸하는 사람이었습니다. 당시 예
루살렘 성전은 동쪽을 바라보고 세워져 있었습니다. 온통 황금으로 도금

되어 있던 성전은 아침에 해가 뜨면 눈부시게 빛났습니다. 동쪽에서 태양이 비추었을 때 성전과 함께 성전으로 들어가는 문도 눈부시게 아름다웠습니다. 그래서 아름다운 문, 한자로 아름다울 미(美)자를 써서 '미문'이라고 한 것입니다.

앞의 성경 말씀에 나오는 앉은뱅이는 성전에 기도하러 올라오는 사람들이 주로 다니는 미문에 앉아 있었기 때문에 그 벌이도 괜찮았을 것입니다. 날마다 그렇게 나와 있었다고 하니 자기에게 주어진 환경 속에서 나름대로 최선을 다해 산 것입니다. 그러나 이 사람에게는 내일에 대한 소망이 없었습니다. 그렇게 구걸하면서 살아가야만 했습니다. 사도행전 4장 22절을 보면, 이 앉은뱅이의 나이가 40여 세나 되었더라고 되어 있습니다. 40여 년간의 삶 속에서 그가 느낄 수 있는 감정은 오직 절망감뿐이었습니다.

이런 앉은뱅이의 모습이 과거 우리의 삶이었습니다. 나면서부터 앉은뱅이였다는 것은 운명이었습니다. 자기가 원해서 그렇게 된 것이 아니었습니다. 우리가 구원받기 전의 모습도 이와 같았습니다. 창세기 3장 사건으로 인해 남자의 후손은 한 사람도 빠짐없이 열두 가지 영적 문제에 빠져 고통 가운데 살다가 영원한 멸망 길로 갈 수밖에 없는 운명이었습니다. 인간의 힘으로는 사탄이 견고하게 쌓은 그 망대를 무너뜨릴 수 없는 것입니다. 그래서 예수님이 그리스도로 이 땅에 오셨습니다.

예수님은 영세 전부터 계셨던 그리스도셨습니다. 예수님은 원래 하나님의 본체, 하나님이셨기 때문입니다. 그런데 창세기 3장 사건으로 범죄한 인간을 회복시키기 위한 하나님의 구원 계획에 따라 이 땅에 성육신하셨습니다. 그리고 십자가 대속의 피를 흘리신 후에 죽으셨다가 범죄한 인간의 모든 죄 문제를 해결하셨다는 증거로 3일 만에 부활하셨습니다. 이제 부활 승천하신 예수님은 재림주로, 그것도 심판주로 다시 오실 것입니다. 이렇게 되면 인류 역사는 끝나는 것입니다.

 우리는 이렇게 미래에 일어날 일을 미리 보면서 신앙생활을 하는 것입니다. 우리가 해야 할 것은 한 가지입니다. 마태복음 24장 14절을 보면, "이 천국 복음이 모든 민족에게 증언되기 위하여 온 세상에 전파되리니 그제야 끝이 오리라"라고 되어 있습니다. 십자가와 부활의 참 소망, 영원한 것으로 237선교 망대를 세우는 것이 우리가 해야 할 일입니다.

 스위스의 개혁 신학자였던 에밀 부르너는 "불이 타는 것으로 존재하듯이 교회는 선교함으로써 존재한다."라며 교회의 선교적 사명을 강조했습니다. 선교가 바로 교회의 존재 이유입니다. 교회의 지체인 우리도 마찬가지입니다. 한 나라를 가슴에 품고 선교적 열정을 불태우시기 바랍니다. 그 나라에 아직까지 복음을 받지 못한 미전도종족들을 위해 기도하시기 바랍니다. 여러분의 기도가 선교지 현장을 변화시킵니다. 여러분의 기도가 견고한 사탄의 망대를 무너뜨립니다. 각 나라의 오래된 흑암 문화를 꺾는 것입니다. 모든 독자 여러분이 이렇게 선교를 마음에 품고 기도하는 강한 용사가 되시기를 바랍니다.

## 사용해야 하는 영적 권세

베드로가 요한과 더불어 주목하여 이르되 우리를 보라 하니 그가 그들에게서 무엇을 얻을까 하여 바라보거늘 _사도행전 3:4~5

앉은뱅이는 습관적, 본능적으로 베드로와 요한을 바라보며 구걸하였습니다. 그러나 영적인 눈이 열려 있었던 베드로는 이 사람의 근본 문제를 보기 시작했습니다. 앞의 성경 말씀을 보면, "주목하여"라고 말하고 있습니다. '주목하다'라는 말은 원어로 '아테니사스'인데 '분명한 목적을 가지고 보다'라는 의미입니다. 앉은뱅이가 받고 싶은 것과 베드로와 요한이 주고 싶은 것은 전혀 달랐습니다. 앉은뱅이는 물질을 얻고 싶었지만, 사도들은 치유와 회복, 영생의 축복을 주고 싶어 했습니다. 모든 사주팔자 운명, 열두 가지 사탄의 망대에서 완전히 벗어나게 하고 싶었던 것입니다.

> 베드로가 이르되 은과 금은 내게 없거니와 내게 있는 이것을 네게 주노니 나사렛 예수 그리스도의 이름으로 일어나 걸으라 하고 오른손을 잡아 일으키니 발과 발목이 곧 힘을 얻고 뛰어 서서 걸으며 그들과 함께 성전으로 들어가면서 걷기도 하고 뛰기도 하며 하나님을 찬송하니 _사도행전 3:6~8

베드로의 진가가 드러나는 장면입니다. 베드로의 영적 진가는 단순성입니다. 그는 복잡하게 생각하지 않았습니다. "은과 금은 내게 없거니와 내게 있는 이것을 네게 주노니 나사렛 예수 그리스도의 이름으로 일어나 걸으라"라며, 아주 단순하게 예수 그리스도 그 이름의 능력을 믿고 사용하였습니다. 다른 데 능력이 있는 것이 아니라 예수 그리스도 그 이름에 능력이 있다는 것입니다.

우리가 기도를 하면서 왜 "예수 그리스도 이름으로 기도합니다."라고 마무리할까요? 예수 그리스도 그 이름에 능력이 있기 때문입니다. 오직 예수 그리스도만이 유일한 중보자이시기 때문입니다. 다른 그 어떤 이름으로도 기도하면 안 됩니다. 오히려 영적 문제만 심각해집니다. 이상하게 생긴 돌, 나무, 물 떠놓고 복을 달라고, 잘되게 해 달라고 기도하면 성령이 아니라 귀신

이 역사합니다. 뭔가 되는 것처럼 보이다 더 심각해지는 것입니다. 그래서 오직 예수 그리스도입니다.

신앙생활은 복잡하게 생각하면 안 됩니다. 단순히 믿으면 됩니다. 여러분에게 주신 권세, 예수 그리스도 그 이름의 놀라운 권세를 사용하면 되는 것입니다. 예수 그리스도의 이름을 부를 때 역사가 일어납니다. 미래에 들이닥칠 모든 재앙도 예수 그리스도 이름으로 지금 꺾을 수 있습니다. 보좌의 능력으로 세계를 움직일 수 있습니다. 여러분에게 주신 예수 그리스도 그 이름의 권세를 확실히 사용하시기 바랍니다.

모든 백성이 그 걷는 것과 하나님을 찬송함을 보고 그가 본래 성전 미문에 앉아 구걸하던 사람인 줄 알고 그에게 일어난 일로 인하여 심히 놀랍게 여기며 놀라니라
_사도행전 3:9~10

이 앉은뱅이에게 예수 그리스도 그 이름의 능력이 임하자 발과 발목이 곧 힘을 얻고 뛰어 서서 걸을 수 있게 되었습니다. 그러자 그는 베드로와 요한과 함께 성전으로 들어가며 걷기도 하고 뛰기도 하며 하나님을 찬송했습니다. 열두 가지 사탄의 망대가 무너진 것입니다. 모든 죄와 저주, 사탄 문제에서 해방받은 그 감격과 기쁨을 그는 주체할 수가 없었습니다. 그는 온 맘과 정성을 다해 하나님을 찬송했습니다. 베드로와 요한을 찬송한 것이 아니었습니다. 그는 자신에게 일어난 일을 통해서 하나님의 능력을 보았기 때문에 하나님의 사랑에 감격하고 하나님을 찬송하고 있는 것입니다.

이 앉은뱅이가 일어나서 주님을 찬양하는 것을 본 많은 사람들이 심히 기이히 여기며 놀랐다고 했습니다. 한 사람의 변화가 많은 사람들의 삶을 변

화시킵니다. 이렇게 한 사람이 바뀌면 우리의 현장이 변화되게 되어 있습니다. 불신자 한 사람이 변화되면 그 주변에 있는 수많은 사람들이 변화되는 것입니다. 사도행전 3장 11절 이후에 보면 앉은뱅이가 일어난 기적 이후 베드로가 솔로몬의 행각에서 설교했습니다. 앉은뱅이가 일어난 기적으로 인해 수많은 사람들이 베드로와 요한을 주목하였습니다. 그때 베드로가 말하기를 왜 자신들을 주목하느냐고 하면서 이 모든 것은 바로 자신의 능력이 아닌 예수 그리스도의 능력으로 말미암은 것임을 증거하였습니다. 앉은뱅이는 자신이 치유받은 것을 보고 하나님께 영광을 돌렸고, 베드로와 요한은 그 일에 쓰임받은 것으로 인해 영광 돌리며 예수 그리스도를 증거했습니다. 그 결과 어떻게 되었습니까? 사도행전 4장 4절을 보면, "말씀을 들은 사람 중에 믿는 자가 많으니 남자의 수가 약 오천이나 되었더라"라고 되어 있습니다. 정말 놀라운 역사가 하루아침에 일어났다는 사실을 우리가 알 수 있습니다. 예수 그리스도 그 이름의 권세를 사용하면 그렇게 되는 것입니다.

## 우리 삶의 본질적 목적

앉은뱅이는 날마다 성전 미문 앞에서 구걸하고 있었습니다. 스스로는 걷지도 못하기 때문에 가족이든, 친구든 누군가 이 사람을 미문 앞에 데려다 놓았을 것입니다. 저는 이것을 보며, 오늘날 형식적이고 종교화된 교회의 모습이 바로 이렇지 않은가 하는 생각이 들었습니다. 이 앉은뱅이의 근본적인 영적 문제를 해결하지 못하고, 매일 성전 미문 앞에 데려다 놓는 것과 같은 행동만 반복하고 있는 것입니다. 교회가 물론 어려운 사람을 돕는 일에 나서야 합니다. 하지만 단순히 그 사람의 굶주림을 해결하기 위한 도움의 손길만을 내밀고 끝나면 안 됩니다. 그것이 교회의 본질이 아니기 때문입니다. 교회가 행하는 복지 사역의 핵심은 예수가 그리스도 되신다는 유일성의 복음을 가지고 생명을 살리는 것입니다. 그것이 전도와 선교의 접촉점이 되어야 교회의 본질적 목적에 부합합니다.

 사람은 하나님을 만나지 못하면 결코 행복할 수가 없습니다. 그들을 둘러싸고 있는 사탄의 망대를 예수 그리스도 그 이름의 권세로 무너뜨리고 참해방, 참 자유를 얻도록 해주는 것이 바로 교회의 본질적 목적입니다. 우리의 삶도 마찬가지입니다. 우리 삶의 본질적 목적은 237나라 5천 종족 복음화를 이루는 데 쓰임받는 것입니다. 우리는 이 사실을 결코 잊어서는 안 됩니다. 모든 독자 여러분이 예수 그리스도의 그 놀라운 권세를 사실적으로 사용하며 현장을 살리는 전도자의 삶을 살게 되시기를 예수 그리스도의 이름으로 축복합니다.

# 07

# 증거 있는 신앙생활!

¹사도들이 백성에게 말할 때에 제사장들과 성전 맡은 자와 사두개인들이 이르러 ²예수 안에 죽은 자의 부활이 있다고 백성을 가르치고 전함을 싫어하여 ³그들을 잡으매 날이 이미 저물었으므로 이튿날까지 가두었으나 ⁴말씀을 들은 사람 중에 믿는 자가 많으니 남자의 수가 약 오천이나 되었더라 ⁵이튿날 관리들과 장로들과 서기관들이 예루살렘에 모였는데 ⁶대제사장 안나스와 가야바와 요한과 알렉산더와 및 대제사장의 문중이 다 참여하여 ⁷사도들을 가운데 세우고 묻되 너희가 무슨 권세와 누구의 이름으로 이 일을 행하였느냐 ⁸이에 베드로가 성령이 충만하여 이르되 백성의 관리들과 장로들아 ⁹만일 병자에게 행한 착한 일에 대하여 이 사람이 어떻게 구원을 받았느냐고 오늘 우리에게 질문한다면 ¹⁰너희와 모든 이스라엘 백성들은 알라 너희가 십자가에 못 박고 하나님이 죽은 자 가운데서 살리신 나사렛 예수 그리스도의 이름으로 이 사람이 건강하게 되어 너희 앞에 섰느니라 ¹¹이 예수는 너희 건축자들의 버린 돌로서 집 모퉁이의 머릿돌이 되었느니라 ¹²다른 이로써는 구원을 받을 수 없나니 천하 사람 중에 구원을 받을 만한 다른 이름을 우리에게 주신 일이 없음이라 하였더라 _사도행전 4:1~12

# 증거 있는 신앙의 삶

 지난 챕터에서는 사도행전 3장의 말씀을 통해 우리에게 주신 영적 권세를 사실적으로 사용하는 신앙생활에 대해 살펴보았습니다. 성전에 정시 기도를 하러 가던 베드로와 요한은 나면서부터 앉은뱅이였던 사람을 예수 그리스도 그 이름의 권세로 일으켜 세웠습니다. 무려 40년 동안이나 걷지 못했던 앉은뱅이가 일어나는 놀라운 기적 앞에서 사람들은 큰 충격을 받았습니다. 사도행전 3장 11절을 보면, 이때 나은 사람이 베드로와 요한을 붙잡았고 사람들이 솔로몬 행각이라는 곳으로 몰려들었습니다. 베드로가 그 모인 사람들을 대상으로 오순절 설교에 이어 두 번째 설교를 했는데 그것이 바로 솔로몬 행각 설교입니다.

 이 솔로몬 행각 설교에서  베드로가 선포한 메시지의 핵심은 예수가 그리스도 되신다는 것이었습니다. "너희들이 십자가에 못 박아 죽였던 그 예수를 하나님께서 살리셨고, 우리가 그 일의 증인"이라는 사실을 말했습니다. 그리고는 "너희가 회개하여 돌이키면 새롭게 되는 날이 이를 것"이라고 선포했습니다.

 이제 그 다음에 사도행전 4장의 말씀을 보면, 이 일이 있은 후에 초대교회에 본격적으로 대적자들의 핍박이 시작됩니다. 성령의 충만함을 입어 담대히 예수 그리스도의 복음을 증거하던 사도들이 감옥에 갇히게 된 것입니다. 이번 챕터에서는 사도행전 4장의 말씀을 통해 초대교회가 어떻게 문제와 사건, 핍박을 영적인 축복으로 바꾸었는지, 그리고 어떻게 증거 있는 신앙인으로서의 삶을 살았는지에 대해 이야기해보도록 하겠습니다.

# 구원을 받을 수 있는 유일한 이름

앉은뱅이가 치유된 사건과 베드로의 솔로몬 행각 설교를 곱지 않은 시선
으로 바라보는 무리가 있었습니다. 바로 당시의 유대 종교지도자들이었던
제사장들, 성전 맡은 자 그리고 사두개인들이었습니다. 당시 대제사장은 안
나스와 가야바였습니다. 원래 안나스가 대제사장이었는데, 로마제국으로
부터 퇴진 압력을 받자 자신의 사위인 가야바에게 대제사장직을 형식적으
로 물려준 뒤 실제로는 뒤에서 모든 것을 다 조종하고 있었습니다. 앞의 성
경 말씀에 나오는 성전 맡은 자는 성전의 경비대장을 가리키는데, 대제사
장에 이어 유대교 서열 2위의 높은 직책이었습니다. 그리고 사두개인들은
유대교의 한 종파를 이루면서 당시 정치, 경제적인 실권을 장악하고 있던
귀족 지배 계층이었습니다.

사실 당시의 제사장들이나 경비대장도 다 사두개파 출신들이었습니다. 이
들은 모세오경만을 인정하며 내세와 부활, 영적 세계, 천사의 존재를 믿지
않았고 지극히 현세적이었습니다. 그래서 로마제국과 긴밀한 관계를 유지
하면서 자신들이 장악한 부와 권력, 기득권을 지키기 위해 수단과 방법을
가리지 않았던 것입니다. 이들은 유대인들을 선동하여 예수님을 십자가에
못 박아 죽이도록 빌라도 총독에게 압력을 가하는 데 앞장섰던 장본인들
이었습니다.

그런데 자신들이 십자가에 못 박은 예수가 다시 살아났다는 사실은 그들

에게는 청천벽력과 같은 소식이었습니다. 더군다나 부활하신 그 예수의 이름으로 앉은뱅이가 일어나는 기적이 일어났다는 사실에 도저히 가만히 있을 수가 없었던 것입니다. 사도행전 4장 2절에 베드로와 요한이 예수 안에 죽은 자의 부활이 있다고 백성을 가르치고 전하는 것을 싫어했다고 단순하게 표현하고 있지만, 원어를 보면 이성을 잃을 정도로 화가 나서 어찌할 줄을 몰랐다고 되어있습니다. 교리적인 것뿐만 아니라 자칫 잘못하면 자신들이 지금까지 그렇게 지키려고 했던 모든 기득권을 잃게 되기 때문에 메시지를 전하고 있던 사도들을 직접 가서 체포하고 감옥에 가둔 것입니다.

> 그들을 잡으매 날이 이미 저물었으므로 이튿날까지 가두었으나 말씀을 들은 사람 중에
> 믿는 자가 많으니 남자의 수가 약 오천이나 되었더라 _사도행전 4:3~4

 이들은 어떻게 해서든지 백성들의 관심을 예수님에게서 멀어지게 하려고 수단과 방법을 가리지 않았습니다. 그러나 이런 그들의 노력은 수포로 돌아갔습니다. 사도들을 감옥에 집어넣는 핍박이 시작되었음에도 불구하고 베드로의 메시지를 들은 사람 중에 남자만 오천 명이 돌아오는 역사가 일어난 것입니다. 120명에서 시작된 마가다락방의 역사가 하루에 3천 명이 돌아오는 역사가 일어나고, 앉은뱅이가 일어나는 기적으로 말미암아 메시지를 들은 사람이 5천 명이 돌아오는 증거가 있었습니다. 여자와 아이들을 포함하면 수만 명의 사람들이 복음을 듣고 주님께 돌아온 것입니다. 다급할 대로 다급해진 이들이 한 자리에 모였고, 대제사장이 베드로와 요한을 심문했습니다.

> 사도들을 가운데 세우고 묻되 너희가 무슨 권세와 누구의 이름으로 이 일을 행하였느냐
>
> _사도행전 4:7

이들의 관심은 정말 하나님의 역사가 나타났는가에 있지 않았습니다. 이들의 질문에는 저의가 담겨 있었습니다. 그들은 이 일을 로마에 반역하여 일어난 정치적인 운동으로 몰아서 처리하려고 했던 것입니다. 이때 베드로가 성령이 충만하여 담대하고 지혜롭게 답변했습니다.

> 이에 베드로가 성령이 충만하여 이르되 백성의 관리들과 장로들아 만일 병자에게 행한 착한 일에 대하여 이 사람이 어떻게 구원을 받았느냐고 오늘 우리에게 질문한다면 너희와 모든 이스라엘 백성은 알라 너희가 십자가에 못 박고 하나님이 죽은 자 가운데서 살리신 나사렛 예수 그리스도의 이름으로 이 사람이 건강하게 되어 너희 앞에 섰느니라
>
> _사도행전 4:8~10

더 이상 과거의 베드로가 아니었습니다. 그는 생사를 결정하는 재판을 할 수 있는 산헤드린 공회 앞에서 아주 당당하게 그것도 파격적으로 복음을 전했습니다. "이 앉은뱅이가 일어나 걷게 된 것은, 바로 너희가 십자가에 못 박았지만 하나님께서 다시 살리신 예수 그리스도가 하신 것"이라고 담대히 선포했습니다. 베드로는 성령이 주신 지혜로 대제사장이 노린 질문의 의도에 넘어가지 않고 정확하게 복음의 핵심을 전한 것입니다.

> 이 예수는 너희 건축자들의 버린 돌로서 집 모퉁이의 머릿돌이 되었느니라 _사도행전 4:11

베드로는 유대인들이 잘 알고 있는 시편 118장 22절의 말씀을 인용했습니

다. "건축자들에게 쓸데없다고 버림받은 돌처럼 예수를 너희들이 멸시하고 죽였으나 하나님께서 다시 살리사 집 모퉁이 머릿돌처럼 구원의 기초가 되게 하셨다"는 이 말씀은 베드로에게 성령께서 지혜를 주신 것입니다. 모퉁이 머릿돌은 유대 건축의 핵심이며 기준이었습니다. 머릿돌이 없으면 건물 자체가 설 수 없었습니다. 그러면서 아주 중요한 결론을 내리고 있습니다.

다른 이로서는 구원을 받을 수 없나니 천하 사람 중에 구원을 받을 만한 다른 이름을 우리에게 주신 일이 없음이라 하였더라 _사도행전 4:12

예수 이름 외에는 구원을 받을 만한 다른 이름이 없습니다. 이것은 절대 진리입니다. 일제강점기나 북한의 공산치하에서 기독교인들에게 핍박을 가할 때 왜 예수 이름만 믿지 않는다고 말하면 살려준다고 했을까요? 이것은 역으로 예수 그 이름에 유일한 구원의 길이 있다는 증거입니다. 그렇기 때문에 사탄은 예수 그리스도의 유일성을 훼손시키기 위해 모든 짓을 다 합니다. 그러나 우리 믿음의 선조들은 예수 그 이름을 부인하지 않고 핍박 속에서 순교를 당하기도 했습니다. 영적 진리에 대해서는 한 치의 양보도 하지 않은 것입니다. 그 까닭은 영원한 생명과 직결되어 있는 것이기 때문입니다. 우리는 이 사실을 분명히 깨달아야 합니다. 여러분, 구원 받을 수 있는 유일한 이름인 예수 그리스도 그 이름만 선포하는 그리스도의 절대 제자가 되시기를 바랍니다.

# 보고 들은 것을 말하는 증인의 삶

베드로와 요한의 확신에 찬 담대한 답변과 5천 명이 주께 돌아오는 현장 증거 앞에 대제사장과 무리들은 더 이상 할 말이 없었습니다. 엄연히 하나님의 산 증거가 있는데 어떻게 하겠습니까? 이들은 방법을 바꿔서 베드로와 요한에게 회유와 압력을 가하기 시작했습니다. 예수의 이름으로 말하지도 말고 가르치지도 말라고 한 것입니다. 마치 손바닥으로 하늘을 가리려는 그런 모습입니다. 이런 그들을 향해서 베드로와 요한은 아주 명쾌하고 확신에 찬 답변을 합니다.

성령이 충만했던 베드로와 요한은 담대하게 말했습니다. 예수의 이름으로 아무 것도 말하지도 말고 가르치지도 말라고 한 유대 종교지도자들을 꼼짝 못 하게 만드는 선언을 한 것입니다. 베드로와 요한은 우선적으로 하나님 앞에서의 삶을 강조했습니다. "하나님 앞에서 너희의 말을 듣는 것이 하나님의 말씀을 듣는 것보다 옳은가 판단하라"라는 이 말씀은 코람데오(하나님 앞에서)의 영적 자세를 가지고 우선순위를 분명히 하는 삶을 살아야 한다는 것을 가리킵니다. 사도 바울도 갈라디아서 1장 10절에서 "이제 내가 사람들에게 좋게 하랴 하나님께 좋게 하랴 사람들에게 기쁨을 구하랴 내가 지금까지 사람들의 기쁨을 구하였다면 그리스도의 종이 아니니라"라고 강조했습니다. 사도 바울은 어떤 상황에서도 하나님께 좋게 하는 것에 모든 초점을 맞출 것을 말한 것입니다.

베드로와 요한은 "우리는 보고 들은 것을 말하지 아니할 수 없다"는 선언으로 유대 종교지도자들을 꼼짝 못하게 만들었습니다. 이 선언은 아무리 반복해도 너무나 가슴 벅찬 고백입니다. 다른 것이 열정이 아니라 바로 이것이 열정입니다. 예레미야 20장 9절에 보면 예레미야가 "내가 다시는 여호와를 선포하지 아니하며 그의 이름으로 말하지 아니하리라 하면 나의 마음이 불붙는 것 같아서 골수에 사무치니 답답하여 견딜 수 없나이다"라고 외칩니다. 복음 증거에 불타는 이러한 열정이 있어야 합니다. 증거가 있고 체험이 있는데 어떻게 말하지 않을 수 있느냐는 것입니다.

"어리석은 사람은 죽을 때 허무를 남기지만, 지혜로운 사람은 죽을 때 가치를 남긴다."라는 말이 있습니다. 가치를 남기는 삶이 무엇일까요? 삶의 발걸음을 통해 하나님 나라가 확장되는 것입니다. 우리는 이 땅에 살면서 허무를 남기는 창세기 3장, 6장, 11장의 서론적인 삶을 살아서는 안 됩니다. 오직 그리스도, 오직 하나님의 나라, 오직 성령 충만을 통해 하나님 나라를 확장해 나가는 본론 인생을 살아야 합니다. 모든 독자 여러분이 우리 인생의 절대 가치인 예수 그리스도를 전하고 남기는 증거 있는 신앙생활을 해 나가게 되시기를 예수 그리스도의 이름으로 축복합니다.

# 08

## 한마음 한뜻 공동체!

²³ 사도들이 놓이매 그 동료에게 가서 제사장들과 장로들의 말을 다 알리니 ²⁴ 그들이 듣고 한마음으로 하나님께 소리를 높여 이르되 대주재여 천지와 바다와 그 가운데 만물을 지은 이시오 ²⁵ 또 주의 종 우리 조상 다윗의 입을 통하여 성령으로 말씀하시기를 어찌하여 열방이 분노하며 족속들이 허사를 경영하였는고 ²⁶ 세상의 군왕들이 나서며 관리들이 함께 모여 주와 그의 그리스도를 대적하도다 하신 이로소이다 ²⁷ 과연 헤롯과 본디오 빌라도는 이방인과 이스라엘 백성과 합세하여 하나님께서 기름 부으신 거룩한 종 예수를 거슬러 ²⁸ 하나님의 권능과 뜻대로 이루려고 예정하신 그것을 행하려고 이 성에 모였나이다 ²⁹ 주여 이제도 그들의 위협함을 굽어보시옵고 또 종들로 하여금 담대히 하나님의 말씀을 전하게 하여 주시오며 ³⁰ 손을 내밀어 병을 낫게 하시옵고 표적과 기사가 거룩한 종 예수의 이름으로 이루어지게 하옵소서 하더라 ³¹ 빌기를 다하매 모인 곳이 진동하더니 무리가 다 성령이 충만하여 담대히 하나님의 말씀을 전하니라 _사도행전 4:23~31

ACTS

# 한마음 기도 공동체

사도들이 놓이매 그 동료에게 가서 제사장들과 장로들의 말을 다 알리니 _ 사도행전 4:23

40년 된 앉은뱅이를 예수 그리스도 이름의 권세로 일으켜 세운 치유 기적으로 베드로와 요한은 큰 주목을 받게 되었습니다. 이때 베드로가 솔로몬 행각 설교를 통해 사람들의 모든 관심을 자신들이 아닌 예수님에게 집중하도록 이끌었습니다. 예수가 그리스도, 인생 모든 문제 해결자 되신다는 유일성의 복음으로 집중하도록 만들었던 것입니다. 그러자 당시 대제사장을 비롯한 유대 지도자들이 총출동해서 더 이상 이 사실을 말하지 못하도록 감옥에 붙잡아 넣고 말았습니다.

이들은 베드로와 요한을 심문했지만, 앉은뱅이가 일어선 사건을 통해 남자만 오천 명이 돌아오는 하나님의 역사 앞에 어떻게 할 수가 없었습니다. 그래서 베드로와 요한에게 예수의 이름으로 말하지도 말고 가르치지도 말라고 협박했습니다. 이때 그들이 어떻게 대응하였을까요? 사도행전 4장 19~20절을 보면, "하나님 앞에서 너희의 말을 듣는 것이 하나님의 말씀을 듣는 것보다 옳은가 판단하라 우리는 보고 들은 것을 말하지 아니할 수 없다"라고 하였습니다. 이는 사탄이 세운 망대를 깨뜨리는 영적 선포입니다. 여러분도 삶의 모든 현장에서 이런 영적 담대함을 가지시기를 바랍니다.

유대 지도자들은 현장에 나타난 증거로 인해 모든 사람이 하나님께 영광을 돌리고 있었기 때문에 어떻게 할 수 없었습니다. 그래서 사도들을 다시 위협하고는 풀어주었습니다. 풀려난 사도들은 초대교회 공동체로 돌아와

서 이 사실을 다 알렸습니다. 그러자 사도들과 모든 성도들이 한마음이 되어 합심 기도, 집중 기도의 자리로 나아갔습니다.

> 그들이 듣고 한마음으로 하나님께 소리를 높여 이르되 대주재여 천지와 바다와 그 가운데
> 만물을 지은 이시오 또 주의 종 우리 조상 다윗의 입을 통하여 성령으로 말씀하시기를 어찌하여
> 열방이 분노하며 족속들이 허사를 경영하였는고 세상의 군왕들이 나서며 관리들이 함께 모여
> 주와 그의 그리스도를 대적하도다 하신 이로소이다 _사도행전 4:24~26

이들의 기도는 "대주재여"라는 말로 시작합니다. '대주재'는 그 어느 누구도 감히 도전할 수 없는 권세를 지니신 하나님께만 사용되는 단어입니다. 대주재이신 하나님은 천지와 만물을 창조하신 창조주 하나님이시며, 인간의 모든 역사, 생사화복을 주관하시는 절대주권의 하나님이십니다. 이 하나님께 기도하고 있는 것입니다.

초대교회 공동체는 세상의 모든 나라, 모든 족속, 세상의 모든 통치자들이 일어나 메시아를 대적한다 할지라도 그것은 허사를 경영하는 것임을 고백했습니다. 아무리 머리를 싸매고 궁리를 해서 그리스도를 대적하여도 그것은 헛된 일이라는 것입니다. 역사의 주관자 되시는 하나님께서 다 이루어가시기 때문에 우리는 불안하거나 두려워할 이유가 없습니다. 우리는 하나님 앞에 기도로 아뢰기만 하면 되는 것입니다. 사도들과 초대교회 모든 성도들도 당시의 상황을 있는 그대로 하나님께 아뢰었습니다. 그러고 나서 그들은 한 가지 더 중요한 기도를 드립니다.

> 주여 이제도 그들의 위협함을 굽어보시옵고 또 종들로 하여금 담대히 하나님의 말씀을
> 전하게 하여 주시오며 손을 내밀어 병을 낫게 하시옵고 표적과 기사가 거룩한 종 예수의 이름으로

*이루어지게 하옵소서 하더라 빌기를 다하매 모인 곳이 진동하더니 무리가 다 성령이 충만하여*
*담대히 하나님의 말씀을 전하니라 _사도행전 4:29~31*

이들은 고난을 면하고 핍박이 없도록 해달라고 기도한 것이 아니었습니다. 복음을 전할 수 있는 좋은 환경을 달라고 기도한 것도 아니었습니다. 이들이 간구한 것은 하나였습니다. 지금의 환경과 형편을 초월하여 담대히 하나님의 말씀을 전할 수 있도록 힘을 달라는 것이었습니다. 현장에 예수 그리스도 그 이름으로 치유와 표적과 기사가 일어나게 해 달라고 기도하였습니다. 현장에 견고하게 세워놓은 사탄의 망대를 무너뜨리는 힘을 달라고 기도했던 것입니다.

사탄이 세운 망대, 그것으로 인해 찾아오는 각종 영적 문제, 정신 문제, 육신 문제는 인간의 힘으로 절대 해결이 불가능합니다. 오직 하나님이 주신 것으로만 해결할 수 있습니다. 그래서 기도가 중요합니다. 하나님의 망대를 현장에 세우는 권세 기도를 통해 예수 그리스도 그 이름의 권세를 사용하시기 바랍니다. 그러면 하늘 보좌의 축복을 사실적으로 누리고 현장을 변화시켜 나가게 될 것입니다.

## 한뜻 언약 공동체

*믿는 무리가 한마음과 한 뜻이 되어 모든 물건을 서로 통용하고 자기 재물을 조금이라도*
*자기 것이라 하는 이가 하나도 없더라 _사도행전 4:32*

초대교회 공동체가 언약으로 완전 원니스를 이룬 모습을 볼 수 있습니다.

"믿는 무리가 한마음과 한뜻이 되어"라는 표현에서 보듯 다양한 출신의 사람들이 자신들의 모든 배경과 차이를 극복하고 하나님의 언약 안에서 성령의 역사로 하나가 된 것입니다. 이들의 영적 우선순위가 같아졌고 하나님의 영광, 하나님의 나라와 하나님의 의를 먼저 구하는 것이 이들의 우선적인 목표가 되었습니다. 이제는 나 중심, 나의 것 중심, 나의 명예, 나의 성공 중심의 삶에서 벗어났다는 것입니다.

초대교회 공동체는 바울이 빌립보서 2장 5절에서 강조한 것처럼 그리스도 예수의 마음으로 한마음과 한뜻을 이루었습니다. '나'라는 사탄의 망대에서 벗어나니 그렇게 가장 소중하게 여겼던 물질 중심의 삶, 세상 성공 중심의 삶을 배설물로 여기게 된 것입니다. 한마음과 한뜻을 이룬 모습이 외적인 결과로 나타난 것이 자기 재물을 자기 것이라 하는 이가 하나도 없다는 것이었습니다. 이 표현이 더 놀라운 것은 이것이 충동적이고 일시적인 자세가 아니라 지속적인 자세였다는 것입니다. 그렇다면 어떻게 이들의 모습이 달라질 수 있었을까요?

사도들이 큰 권능으로 주 예수의 부활을 증언하니 무리가 큰 은혜를 받아 _사도행전 4:33

초대교회 성도들은 사도들이 증거한 부활의 메시지를 듣고 큰 은혜를 받았습니다. 부활 신앙을 가지게 된 이들의 삶의 태도가 달라져서 영적 시선이 바뀐 것입니다. 하나님 나라에 대한 산 소망을 가지게 되니까 땅의 것으로부터 자유로울 수 있었습니다. 이를 현재의 상황으로 놓고 보자면, 강단의 말씀을 확실하게 언약으로 붙잡고, 강단의 말씀을 통해 은혜를 받아 생각이 바뀌니 물질을 보는 눈이 달라진 것이라 할 수 있습니다. 세상 사람들이 생명보다 더 귀하게 여기는 재물을 하나님께 기쁨과 감사함으로 드릴 수 있었던 것입니다.

이렇게 초대교회 공동체가 한마음 한뜻이 되어 기도하고 헌신한 것은 담대히 하나님의 말씀을 전하기 위함이었습니다. 우리도 이처럼 교회 안에서 한마음 한뜻이 되어 기도하고 언약적 도전을 하여야 할 것입니다.

## 기도행전 ✍

사도행전의 여러 가지 별칭 중 하나가 '기도행전'입니다. 사도행전 1장 14절에 보면, "더불어 마음을 같이하여 오로지 기도에 힘쓰더라"라고 되어 있고, 2장 42절에서는 "오로지 기도하기를 힘쓰니라"라고 하였습니다. 또 3장 1절에는 "제 구시 기도 시간에 베드로와 요한이 성전에 올라갈새"라고 되어 있으며, 4장 24절에는 "한마음으로 하나님께 소리를 높여 이르되"라고 되어 있는 것을 볼 수 있습니다. 결정적인 역사가 일어날 때마다 그 바탕에는 기도가 있었습니다.

미국의 경제학자 제레미 리프킨은 「소유의 종말」이라는 책을 통해 소유의 시대가 지나가고 접속의 시대가 왔음을 강조했습니다. 21세기의 부자는 얼마나 많이 소유했느냐가 아니라 얼마나 좋은 곳에 접속했느냐가 관건이라는 것입니다. 우리는 가장 좋은 것, 영원한 것을 주시는 성삼위 하나님과 접속하는 특권을 가지고 있습니다. 기도를 통해 성삼위 하나님과 24시간 접속하시기 바랍니다. 강단의 언약으로 한마음 한뜻이 되어 기도하시기 바랍니다. 이를 통해 모든 독자 여러분이 보좌의 축복을 누리는 기도의 강한 용사가 되시기를 예수 그리스도의 이름으로 축복합니다.

# 09

## 하나님 앞에 인정받는 삶!

¹ 아나니아라 하는 사람이 그의 아내 삽비라와 더불어 소유를 팔아 ² 그 값에서 얼마를 감추매 그 아내도 알더라 얼마만 가져다가 사도들의 발 앞에 두니 ³ 베드로가 이르되 아나니아야 어찌하여 사탄이 네 마음에 가득하여 네가 성령을 속이고 땅 값 얼마를 감추었느냐 ⁴ 땅이 그대로 있을 때에는 네 땅이 아니며 판 후에도 네 마음대로 할 수가 없더냐 어찌하여 이 일을 네 마음에 두었느냐 사람에게 거짓말한 것이 아니요 하나님께로다 ⁵ 아나니아가 이 말을 듣고 엎드러져 혼이 떠나니 이 일을 듣는 사람이 다 크게 두려워하더라 ⁶ 젊은 사람들이 일어나 시신을 싸서 메고 나가 장사하니라 ⁷ 세 시간쯤 지나 그의 아내가 그 일어난 일을 알지 못하고 들어오니 ⁸ 베드로가 이르되 그 땅 판 값이 이것뿐이냐 내게 말하라 하니 이르되 예 이것뿐이라 하더라 ⁹ 베드로가 이르되 너희가 어찌 함께 꾀하여 주의 영을 시험하려 하느냐 보라 네 남편을 장사하고 오는 사람들의 발이 문 앞에 이르렀으니 또 너를 메어 내가리라 하니 ¹⁰ 곧 그가 베드로의 발 앞에 엎드러져 혼이 떠나는지라 젊은 사람들이 들어와 죽은 것을 보고 메어다가 그의 남편 곁에 장사하니 ¹¹ 온 교회와 이 일을 듣는 사람들이 다 크게 두려워하니라 _사도행전 5:1~11

# 깨어 있는 한 사람의 중요성

아나니아라 하는 사람이 그의 아내 삽비라와 더불어 소유를 팔아 그 값에서 얼마를 감추매
그 아내도 알더라 얼마만 가져다가 사도들의 발 앞에 두니 _사도행전 5:1~2

120명에서 시작된 초대교회가 급속도로 성장하면서 다양한 부류의 사람들이 몰려들게 되었습니다. 이 가운데에는 경제적인 문제들이 해결되지 않는 사람들이 많았습니다. 당시 이스라엘은 종교와 권력이 하나인 사회였고, 지도층이 유대교를 떠나 예수를 믿는다는 것은 자신의 사회적인 특권을 포기하는 것과 마찬가지였습니다. 그래서 경제력이 없는 서민이나 하층민이 많이 돌아왔는데, 이들은 예수 믿기 전에는 유대교의 보호 아래 있었습니다. 유대교에서는 기도, 금식과 함께 구제를 매우 중요한 경건 행위로 인정하고 있었기 때문에 이들을 책임져 주었습니다. 그런데 예수를 믿는 순간 더 이상 유대교 구제의 대상이 될 수 없었던 것입니다. 그래서 초대교회 당시에는 구제가 교회에서 해결해야 할 큰 현안 중 하나였습니다.

이런 가운데 사도행전 4장 36~37절을 보면, 바나바가 자신의 밭을 팔아 그 값을 가지고 사도들의 발 앞에 두었다고 밝히고 있습니다. 사도들의 발 앞에 두었다는 것은 사도들로 하여금 그 헌금을 교회의 가난한 자들과 필요한 곳을 위해 사용하도록 하였다는 것입니다. 지금 표현으로 하면 헌금을 교회에 드리고, 교회가 상황에 따라 헌금을 사용할 수 있도록 한 것입니다.

사실 이것이 지혜롭고 성경적인 방법입니다. 교회를 통하지 않고 누군가를 직접 도와준다면 시험들 일이 많이 생기게 마련입니다. 무엇보다 도움을 받는 쪽에서 하나님이 아니라 사람을 바라보게 됩니다. "전에는 이만큼

도와줬는데, 이번에는 저번만 못하네…"라는 둥 마귀가 기가 막히게 역사하여, 서로 간에 어색해지도록 만드는 것입니다. 그래서 초대교회는 교회를 통해 구제하게 했습니다.

바나바가 자신의 소유를 팔아 헌금을 드리자 당시 초대교회 성도들의 모든 시선이 바나바에게 쏠렸습니다. 이것을 본 아나니아와 삽비라 부부에게는 시기심이 생겼습니다. 우리가 보고 있는 사도행전 5장 1절은 "아나니아라 하는 사람이"라고 단순하게 시작되지만, 원문을 보면 '그러나'라는 두 사건이 대조되고 있음을 말하는 단어가 4장과 5장 사이에 끼어 있습니다. 다시 말해 바나바가 아무 동기 없이 성령의 인도를 받아 자신의 소유를 드렸던 것과 대조적으로 아나니아와 삽비라는 불순한 동기로 헌금을 드렸습니다. 이들은 정말 하나님을 사랑하고, 가난한 형제들을 도와주기 위해서 드린 것이 아니라 사람에게 인정받고 싶은 자신들의 욕구를 채우기 위함이었던 것입니다.

이런 식으로 잘못된 동기를 가지고 헌금을 드리려고 하니까 이들에게 아까운 마음이 들었습니다. 그래서 그 값에서 얼마를 감춘 것입니다. 영적으로 볼 때 바나바는 성령에 이끌려서 헌금을 드렸지만, 아나니아와 삽비라는 성령이 아닌 거짓 영의 속삭임에 휘말린 것입니다. 사탄이 쓰는 가장 고도의 전술이 바로 은밀하게 사람의 생각 속에 거짓 영을 집어넣는 것입니다. 사탄은 거짓과 속임수를 심어 공동체의 Oneness를 깨뜨려 버린다는 사실을 우리가 잘 보아야 합니다.

> 베드로가 이르되 아나니아야 어찌하여 사탄이 네 마음에 가득하여 네가 성령을 속이고 땅 값 얼마를 감추었느냐 땅이 그대로 있을 때에는 네 땅이 아니며 판 후에도 네 마음대로 할 수가

성령이 충만했던 베드로 앞에서 아나니아의 본 모습이 그대로 드러나고 맙니다. "어찌하여 사탄이 네 마음에 가득하여"라는 표현은 "너는 어찌하여 사탄이 네 마음을 장악하도록 허락하였느냐"라는 의미입니다. 여기에 중요한 영적 포인트가 있습니다. 우리가 마음을 허락하지 않으면 사탄이 우리 마음을 장악할 수가 없습니다. 사탄이 달라붙을 수 있는 빌미를 주면 안된다는 것입니다.

그래서 잠언 4장 23절에도 보면 "모든 지킬 만한 것 중에 더욱 네 마음을 지키라 생명의 근원이 이에서 남이니라"고 강조하고 있습니다. 여기서 지킨다는 표현은 어떤 것을 피하는 소극적 개념이 아니라 악한 것과 담대히 싸워 이겨서 성장을 이루는 적극적 태도를 의미합니다. 이것은 결코 어려운 것이 아닙니다. 강단의 말씀과 24시간 소통하면 됩니다. 예수님도 하나님의 말씀으로 사탄의 공격을 무력화시키셨습니다. 그런데 안타깝게도 아나니아는 자신의 마음을 지키지 못했습니다. 하나님 앞에 인정받는 삶이 아니라 사람 앞에 인정받고자 하는 욕구가 더 컸고, 그의 눈을 가린 것입니다.

사도행전 5장 5절을 보면 결국 하나님을 속이려 했던 아나니아가 죽음을 맞았습니다. 그리고 세 시간 후에 나타난 삽비라도 동일하게 성령을 속이려 하여 죽고 맙니다. 사도행전 5장 2절을 보면 삽비라도 처음 땅을 팔아 그 일부를 감출 때부터 이미 알고 있었습니다. 사실 한 사람이라도 영적으로 깨어 있었으면 이런 일이 발생하지 않았을 것입니다. 영적으로 깨어 있지 않으면 함께 망하게 됩니다.

하나님께서 이렇게까지 철저하게 다루신 이유가 있습니다. 아담 한 사람의 타락이 아담에서 끝난 것이 아니라 모든 인류의 타락으로 연결된 것처럼 죄의 속성은 개인으로부터 쉽게 전체로 확산하기 때문입니다. 교회 전체에 걸림돌이 되는 것을 그냥 놔두실 수 없는 것입니다. 함께 사느냐 함께 죽느냐는 나 한 사람에게 달려 있다는 영적 의식을 가지시길 바랍니다. 내가 영적으로 깨어 있으면 공동체가 살게 됩니다. 내가 강단의 흐름과 24시간 함께하면 그 어떤 문제와 사건도 걸림돌이 되지 않고 오히려 디딤돌, 성장의 플랫폼이 됩니다.

## 일심, 전심, 지속의 신앙생활

사도들의 손을 통하여 민간에 표적과 기사가 많이 일어나매 믿는 사람이 다 마음을 같이하여 솔로몬 행각에 모이고 그 나머지는 감히 그들과 상종하는 사람이 없으나 백성이 칭송하더라 믿고 주께로 나아오는 자가 더 많으니 남녀의 큰 무리더라 _사도행전 5:12~14

아나니아와 삽비라의 사건이 일어난 후 초대교회는 더 큰 축복이 오기 시작했습니다. 사도들을 통해서 많은 표적과 기사가 일어나고, 믿는 사람이 다 마음을 같이하여 솔로몬 행각에 모였습니다. 성전 동편에 있는 솔로몬 행각은 당시 랍비들이 많은 사람들에게 가르침을 줄 때 주로 사용하던 장소였습니다. 솔로몬 행각에 모여 지금으로 치면 대형 전도집회를 진행한 것입니다. 이런 영적 대각성 운동을 통해 진짜와 가짜가 구분되고, 백성들의 칭송을 받고, 남녀의 큰 무리가 주님께 돌아오는 증거가 일어나게 되었습니다. 오히려 더 확실히 믿고 더 큰 역사가 일어난 것입니다.

이렇게 더 큰 구원의 역사가 일어나자 대제사장과 그 무리들이 다시 사도들을 감옥에 가두고 예수 그리스도를 전하지 못하게 했습니다. 그런데 사도행전 5장 20절을 보면, 주의 사자가 밤에 옥문을 열고 끌어내어 이렇게 말했습니다. "가서 성전에 서서 이 생명의 말씀을 다 백성에게 말하라" 사도들은 그대로 행했고, 대제사장과 그 무리들이 기겁을 해서 이들을 또다시 체포해 공회 앞에 세운 것입니다. 그리고 이들을 심문해 어떻게든 꼬투리를 잡아 죽이려고 했습니다.

하지만 당시 모든 사람에게 존경받는 율법교사였던 가말리엘의 중재로 풀려나게 됩니다. 가말리엘은 사도들의 사상과 소행이 사람으로부터 났으면 무너질 것이나, 하나님께로 났으면 무너뜨리지 못하고 오히려 무리들이 하나님을 대적하는 것이 될 것이라 말했습니다. 그러자 가말리엘의 권위와 그에 대한 존경 때문에 그의 말을 따르게 되어 사도들을 채찍질하고 예수의 이름으로 말하는 것을 금하고 사도들을 놓아주게 되었습니다.

사도들은 그 이름을 위하여 능욕 받는 일에 합당한 자로 여기심을 기뻐하면서 공회 앞을 떠나니라 그들이 날마다 성전에 있든지 집에 있든지 예수는 그리스도라고 가르치기와 전도하기를 그치지 아니하니라 _사도행전 5:41~42

풀려난 사도들은 감옥에서 나온 것 때문에 기뻐하지 않았습니다. 예수 그리스도의 이름을 위하여 능욕받는 일에 합당한 자로 여김을 받았다는 것에 크게 기뻐했습니다. 이들의 관심은 오직 예수뿐이었습니다. 감옥이건 감옥이 아니건, 핍박을 받건 핍박을 받지 않건, 예수 그리스도를 증거하는 것에 모든 초점이 맞추어져 있었습니다. 여기에 일심, 전심, 지속한 것입니다. 이런 전도자의 삶을 세 단어로 쉽게 나타낼 수 있습니다. Everybody, Everyday, Everywhere입니다. 모두가, 날마다, 어디서든지 복음을 증거한 것입니다. 이것이 우리의 삶이 되어야 합니다.

윤희상 시인이 쓴 '눈처럼 게으른 것은 없다'라는 제목의 시가 있습니다. 여기서 눈은 보는 눈을 말합니다.

> 나주 장날,
> 할머니 한 분이
> 마늘을 높게 쌓아놓은 채 다듬고 있다
> 그 옆을 지나가는 낯선 할아버지가
> 걱정스런 표정으로 말을 남기고 간다
> 그것을 언제 다 할까?
> 그러자 할머니가 혼잣말을 한다
> 눈처럼 게으른 것은 없다

이처럼 많은 사람들이 눈으로 보고 생각만 하지 실제 행동으로 옮기지 않는 삶을 살아갑니다. 이는 영적으로도 마찬가지입니다. 눈으로 보고 그냥 끝나면 안 됩니다. 하나님 앞에 인정받는 삶은 실제 언약을 붙잡고 실행하는 것입니다. 아주 단순합니다. 이를 깨닫고 모든 독자 여러분이 하나님 앞에 최고로 인정받는 삶을 살아가게 되시기를 예수 그리스도의 이름으로 축복합니다.

# 부흥행전!

¹그 때에 제자가 더 많아졌는데 헬라파 유대인들이 자기의 과부들이 매일의 구제에 빠지므로 히브리파 사람을 원망하니 ²열두 사도가 모든 제자를 불러 이르되 우리가 하나님의 말씀을 제쳐 놓고 접대를 일삼는 것이 마땅하지 아니하니 ³형제들아 너희 가운데서 성령과 지혜가 충만하여 칭찬 받는 사람 일곱을 택하라 우리가 이 일을 그들에게 맡기고 ⁴우리는 오로지 기도하는 일과 말씀 사역에 힘쓰리라 하니 ⁵온 무리가 이 말을 기뻐하여 믿음과 성령이 충만한 사람 스데반과 또 빌립과 브로고로와 니가노르와 디몬과 바메나와 유대교에 입교했던 안디옥 사람 니골라를 택하여 ⁶사도들 앞에 세우니 사도들이 기도하고 그들에게 안수하니라 ⁷하나님의 말씀이 점점 왕성하여 예루살렘에 있는 제자의 수가 더 심히 많아지고 허다한 제사장의 무리도 이 도에 복종하니라 _사도행전 6:1~7

# 부흥!

사도행전을 일컬어 '부흥행전'이라고도 합니다. 개인과 가정의 부흥, 교회의 부흥, 나라와 민족의 부흥, 그리고 땅 끝까지 복음이 증거되는 온 세상의 부흥을 담은 말씀이기 때문입니다. 오순절 마가다락방에 성령이 강림하신 이후 놀라운 부흥의 역사가 일어났습니다. 어떻게 보면 아무것도 가진 것 없고, 배운 것 없이 지극히 평범했던 제자들이 성령의 권능을 받자 각 나라 방언으로 예수 그리스도의 십자가 대속과 부활의 복음을 선포했습니다. 베드로가 설교하자 3천 명, 5천 명이 주께 돌아왔습니다. 사도행전 2장 47절의 말씀처럼 주께서 구원받는 사람을 날마다 더하게 하시는 놀라운 부흥의 역사가 일어났던 것입니다.

사도행전 6장 7절에도 부흥의 역사를 밝히 보여주고 있습니다. "하나님의 말씀이 점점 왕성하여 예루살렘에 있는 제자의 수가 더 심히 많아지고 허다한 제사장의 무리도 이 도에 복종하니라" 그런데 우리가 부흥을 생각할 때 놓치지 말아야 할 것은 부흥이 단순한 수적인 증가를 말하는 것이 아니라는 것입니다. 부흥은 본질적으로 한 개인의 영혼 속에 이루어지는 변화와 각성이며, 수적인 성장은 그 결과로 따라오는 현상입니다.

우리가 먼저 예수 그리스도를 통해 주어진 유일성의 복음으로 충만해지고 성삼위 하나님이 함께하시는 보좌의 축복을 24시간 누리는 것이 부흥입니다. 이렇게 되면 그 영적 영향력이 주변으로 흘러가게 되어 있습니다. 영적 부흥의 물결이 일어나면 수적인 성장도 자연스럽게 이어지는 것입니다. 이를 위해서는 여러분이 먼저 복음으로 충만해져야 합니다. 그렇게 될 때 하나님께서 주도하시는 영원의 부흥 작품을 만드는 자리로 나아가게 됩니다.

# 영적 본질에 집중하는 지혜

> 그 때에 제자가 더 많아졌는데 헬라파 유대인들이 자기의 과부들이 매일의 구제에 빠지므로 히브리파 사람을 원망하니 _사도행전 6:1

 앞의 성경 말씀은 아나니아와 삽비라 사건에 이어 초대교회에 일어났던 또 한 가지의 내부 문제를 다루고 있습니다. 사탄이 또 분열의 영을 심어서 내부 분란을 일으킨 것입니다. 사탄은 유대 종교 지도자들을 선동하여 물리적인 박해로 교회를 무너뜨리려고 공격했습니다. 사도들을 잡아다가 채찍질하고 다시는 예수의 이름으로 말하지 말라고 협박했습니다. 하지만 사도들은 오히려 그 이름을 위하여 능욕 받는 일에 합당한 자로 여김을 받는 것을 기뻐했습니다. 그리고 풀려나자마자 날마다 성전에 있든지 집에 있든지 예수는 그리스도라고 가르치기와 전도하기를 그치지 아니하였습니다. 그러니 얼마나 열불이 나겠습니까? 이렇게 물리적인 박해가 헛수고로 돌아가자, 그들은 공동체 안에 원망을 심어놓고 내부 분열을 획책했습니다. 단순한 원망이 아니라 출애굽 이후 광야 생활을 하던 이스라엘 백성들이 하나님을 향해 원망했던 것과 같은 심각한 상태의 원망이었습니다. 당시 초대교회는 드러난 숫자만 1만 명이 넘었습니다. 사도행전 5장 14절에 "믿고 주께로 나아오는 자가 더 많으니 남녀의 큰 무리더라"라고 나올 만큼 숫자 세는 것을 아예 중단했을 정도입니다. 헤아리기 힘들 정도로 많은 사람이 모였던 것입니다. 사도행전 6장 1절에도 보면 그때 제자가 더 많아졌다고 밝히고 있습니다. 믿는 자들이 많아졌다는 뜻입니다. 당시에는 예수 믿는다는 것은 곧 생명을 건다는 의미와 같았기 때문에 제자라고 표현한 것입니다. 이런 상황 가운데 문제가 발생했습니다.

당시 초대교회 안에는 서로 다른 문화권에서 살다가 만난 두 부류의 사람들이 있었는데, 헬라파 유대인과 히브리파 유대인입니다. 헬라파 유대인은 각처에 흩어져 살다가 이스라엘 땅으로 돌아온 디아스포라 출신의 유대인들을 가리킵니다. 헬라어를 사용하고 헬라 문화권에서 살다가 예루살렘으로 온 유대인들이었습니다. 유대인들은 죽을 때는 약속의 땅에서 죽어 그곳에 묻히고 싶어 했습니다. 특별히 성전 근처에 묻힌 사람들이 메시아의 시대에 가장 먼저 부활한다는 속설이 있어서 늙으면 예루살렘으로 몰려들었고, 그들 가운데는 과부들이 많았습니다. 히브리파 유대인이란 이스라엘에서 출생하여 성장한 유대인들로 본토 사람들입니다.

그런데 앞의 성경 말씀을 보면 헬라파 사람들이 매일의 구제, 다시 말해 음식을 받는 데 있어서 자신들이 자꾸 누락이 되니까 히브리파 사람들에 대해 원망이 쏟아져 나왔습니다. 차별대우를 받고 있다는 것입니다. 그런데 이런 구제 문제의 이면에는 더 큰 사탄의 전략이 숨겨져 있습니다. 지금 표면적으로 드러난 것은 구제 문제지만, 본질적으로는 히브리파와 헬라파로 나뉘어서 교회 내에 갈등과 분열이 생겼습니다. 이는 부흥을 가로막는 결정적 걸림돌이었던 것입니다.

사탄의 다른 이름인 마귀의 뜻이 무엇입니까? 이간자입니다. 서로를 이간해서 갈라놓는 것입니다. 그래서 결국에는 교회가 교회 구실을 못 하도록 만듭니다. 창세기 3장 사건이 무엇입니까? 사탄이 하나님과 인간 사이를 이간시킨 사건입니다. 그 결과로 온갖 고통과 저주가 임한 것입니다. 영적으로 깨어 있지 않으면 사탄의 간교한 술책에 넘어가게 되어 있습니다. 초대교회는 이런 사탄의 공격대로 움직이지 않았습니다. 성령 충만했던 사도들은 곧바로 이 문제의 본질을 깨닫고 문제 해결을 시도했습니다.

> 열두 사도가 모든 제자를 불러 이르되 우리가 하나님의 말씀을 제쳐 놓고 접대를 일삼는 것이 마땅하지 아니하니 형제들아 너희 가운데서 성령과 지혜가 충만하여 칭찬 받는 사람 일곱을 택하라 우리가 이 일을 그들에게 맡기고 우리는 오로지 기도하는 일과 말씀 사역에 힘쓰리라 하니 _사도행전 6:2~4

사도들의 대처는 아주 지혜로웠습니다. 서로 간에 누가 잘못했는지를 따지지 않으면서 모든 책임을 자신들에게 돌렸습니다. 자신들이 말씀 전하는 일에 집중해야 하는데, 하나님의 말씀을 제쳐놓고 접대를 일삼았다는 것입니다. 표현이 조금 어색한데, 구제 활동에 매달렸다는 의미입니다. 지금 표현으로 하자면 행정 문제에 매여서 본질을 놓쳤다는 것입니다. 말씀 전하는 것에 소홀하게 되니까 공동체의 영적 상태에 문제가 생기게 되었고, 말씀이 중심이 되지 못하니까 창세기 3장의 '나'가 튀어나오고, 결과적으로 공동체의 Oneness가 깨지게 되었다는 것입니다.

사도들은 이런 본질적인 접근을 하면서 매일의 구제 문제를 해결하기 위해 일꾼을 세우기로 결정했습니다. 사실 소수의 사도들로서는 이런 부분을 일일이 감당한다는 것이 현실적으로 불가능했습니다. 마치 모세가 200만 명이 넘는 이스라엘 백성들의 송사를 일일이 처리하려고 했던 것과 마찬가지로, 자신이 다 하려다 보니까 과부하에 걸리고 서로가 힘들어진 것입니다. 모세가 장인 이드로의 조언으로 천부장, 백부장, 오십부장, 십부장을 세웠던 것처럼 사도들도 구제 문제를 전문적으로 담당할 일꾼을 세우기로 한 것입니다. 그러면서 자신들은 오로지 기도하는 일과 말씀 사역에 힘쓰겠다고 결단한 것입니다.

지금의 교회도 마찬가지입니다. 교회 안에서 여러분 각자에게 주어진 직분이 있습니다. 그런데 그 직분을 소홀히 하게 되면 어떻게 되겠습니까? 결과적으로 교역자나 다른 누가 그 역할을 대신 감당해야 합니다. 그러면 본질적인 것을 놓치게 되고, 그런 악순환이 반복되면 교회는 부흥의 자리로 나아가지를 못하는 것입니다. 각자가 자기 직분과 역할에 충실하면 그 사회는 안정되고 성장하게 됩니다. 교회도 마찬가지입니다. 여러분도 강단의 언약을 붙잡는 신앙의 본질을 분명히 하고, 자신에게 주어진 직분에 집중하시기 바랍니다. 그래야만 교회 공동체의 부흥과 성장을 이루는데 귀하게 쓰임 받게 됩니다.

## 하나님 말씀이 이끄는 부흥

온 무리가 이 말을 기뻐하여 믿음과 성령이 충만한 사람 스데반과 또 빌립과 브로고로와 니가노르와 디몬과 바메나와 유대교에 입교했던 안디옥 사람 니골라를 택하여 사도들 앞에 세우니 사도들이 기도하고 그들에게 안수하니라 _사도행전 6:5~6

사도들이 일곱 명의 일꾼을 세우겠다는 제안에 초대교회 성도들이 다 찬성하였고, 스데반과 빌립을 비롯해서 입곱 명의 일꾼을 성도들 스스로 추천하였습니다. 독특한 것은 이들의 이름을 보면 전부 다 헬라파 유대인들이었다는 것입니다. 갈등의 소지를 아예 없애고 서로 원팀이 되어 이 사역을 감당하도록 한 것이었습니다. 특히 헬라파 유대인들이 리더로 섰다는 것은 향후 진행될 복음 사역에 중요한 의미를 부여해줍니다.

당시 히브리파 유대인들은 선민의식이 강해서 다른 인종, 다른 민족을 포용하는 것에 익숙하지 못했습니다. 이와는 달리 외국에서 자란 헬라파 유대인들은 체질적으로 훨씬 더 수용력이 컸고, 도전 정신이 강했습니다. 사도행전 8장에 보면 일곱 명의 일꾼 중 한 사람이었던 빌립이 사마리아까지 가서 복음을 증거한 내용이 기록되어 있습니다. 히브리파 유대인이 가기를 꺼렸던 사마리아까지 품고 사역하였고, 이방인이었던 에디오피아 내시에게도 거리낌 없이 복음을 증거했습니다. 우리에게 이런 영적 열린 마음이 있어야 합니다. 237나라 5천 종족을 품을 수 있는 그릇이 되어야 하는 것입니다.

사도들은 선정된 일곱 명을 공식적으로 세워서 교회의 행정과 재정 등을 맡겼습니다. 오늘날로 말하자면 중직자를 세운 것입니다. 교회는 중직자의 역할이 부흥과 직접적으로 연계가 되어 있기 때문에 너무나 중요합니다. 중직자 한 사람이 어떤 영향력을 입히는지는 스데반과 빌립의 사역을 보면 잘 나타나 있습니다. 단순히 행정만 한 것이 아니었습니다. 말씀 사역자로서의 역할도 감당했을 만큼 이들은 영적 수준을 갖추고 있었습니다.

사도행전 6장 3절에 보면 이들이 어떤 기준으로 선정되었는지를 보여줍니다. 이들은 성령과 지혜가 충만하여 칭찬받는 사람들이었습니다. 이들의 선정 기준을 보면 교회가 부흥하고 성장하는 데 쓰임 받는 일꾼의 중요한 영적 자질이 무엇인지를 보여줍니다. 무엇보다 성령과 지혜가 충만해야 합니다. 성령과 지혜는 마치 동전의 양면과 같습니다. 성령이 바로 지혜의 영이기 때문입니다. 성령은 하나님이 우리에게 베푸신 능력이 지극히 크심을 깨닫게 하시는 지혜와 계시의 영이십니다. 그래서 성령 충만한 삶이 바로 지혜 충만한 삶입니다.

그렇다면 성령 충만한 삶이 무엇입니까? 성령이 충만하다는 것은 하나님의 뜻과 계획이 담긴 말씀으로 충만하다는 것입니다. 하나님의 말씀대로 인도받기 때문에 일을 지혜롭게 처리하게 되고, 결과적으로 모두를 살리는 자리로 나아가는 것입니다. 이렇게 되면 칭찬은 따라오는 것입니다. 그래서 강단과 24시간 소통되는 삶이 중요합니다. 교회에서 전 성도가 강단의 흐름과 24시간 소통 되면 부흥은 따라오는 것입니다. 다음 성경 말씀을 보면 이 사실을 밝히 증거하고 있습니다.

하나님의 말씀이 점점 왕성하여 예루살렘에 있는 제자의 수가 더 심히 많아지고 허다한
제사장의 무리도 이 도에 복종하니라 _사도행전 6:7

"하나님의 말씀이 점점 왕성하여"라는 말은 하나님의 말씀이 힘 있게 퍼져 나갔다는 것을 가리킵니다. 말씀이 점점 왕성해진 결과로 수적인 성장까지 일어났습니다. 제자의 수가 더 심히 많아졌다는 것은 급속도로 성장했다는 의미입니다. 말씀이 살아서 역사하면 수적인 성장도 자연스럽게 따라옵니다. 이것이 참된 부흥입니다. 독자 여러분의 삶에도 하나님의 말씀이 점점 왕성하여지는 증거가 있게 되기를 예수 그리스도의 이름으로 축복합니다.

# 11

## 영적 존재감을 보여준 스데반!

⁵⁴ 그들이 이 말을 듣고 마음에 찔려 그를 향하여 이를 갈거늘 ⁵⁵ 스데반이 성령 충만하여 하늘을 우러러 주목하여 하나님의 영광과 및 예수께서 하나님 우편에 서신 것을 보고 ⁵⁶ 말하되 보라 하늘이 열리고 인자가 하나님 우편에 서신 것을 보노라 한 대 ⁵⁷ 그들이 큰 소리를 지르며 귀를 막고 일제히 그에게 달려들어 ⁵⁸ 성 밖으로 내치고 돌로 칠새 증인들이 옷을 벗어 사울이라 하는 청년의 발 앞에 두니라 ⁵⁹ 그들이 돌로 스데반을 치니 스데반이 부르짖어 이르되 주 예수여 내 영혼을 받으시옵소서 하고 ⁶⁰ 무릎을 꿇고 크게 불러 이르되 주여 이 죄를 그들에게 돌리지 마옵소서 이 말을 하고 자니라 _사도행전 7:54~60

ACTS

# 영적 인플루언서

'인플루언서(influencer)'라는 말이 있습니다. 영향력을 의미하는 'influence'에 사람을 의미하는 접미사 'er'을 붙여서 만든 신조어입니다. '타인에게 영향을 주는 사람', '영향력이 있는 사람'을 뜻하는데, 주로 SNS 상에서 영향력이 큰 사람들을 말합니다. 요즘은 '인플루언서 마케팅'이라는 말이 나올 정도로 인플루언서들을 통한 마케팅이 활성화되어 있습니다. 그런데 이런 인플루언서들과 차원이 다른 영적 인플루언서가 있습니다. 바로 스데반입니다. 스데반 하면 두 가지가 떠오릅니다. 하나는 성령과 지혜가 충만하여 칭찬받는 초대교회의 일꾼으로 선택된 인물이었다는 점입니다. 또 다른 하나는 기독교 역사상 최초의 순교자라는 것입니다. 스데반은 헬라어로 '스테파노스'라고 하는데, 그 뜻이 '면류관'입니다. 그 이름 뜻대로 하나님께 승리의 면류관, 영광의 면류관을 받는 삶을 살았습니다. 한 마디로 영적 존재감을 보여준 삶을 산 것입니다.

우리가 지금 살펴보고 있는 사도행전의 말씀은 예수님의 공생애 사역 이후 하나님의 복음이 어떻게 확산되어 갔는지를 보여줍니다. 사도행전의 전체적인 조감도를 보여주는 말씀이 사도행전 1장 8절 말씀입니다. "오직 성령이 너희에게 임하시면 너희가 권능을 받고 예루살렘과 온 유대와 사마리아와 땅 끝까지 이르러 내 증인이 되리라" 예수님께서 예언하신 이 말씀대로 오순절 마가다락방에 성령이 강림한 이후 복음이 어떻게 예루살렘을 넘어 유대와 사마리아로 확산되어지고 결과적으로 땅끝까지 나아가는지를 보여주는 말씀이 사도행전입니다.

사도행전 6장까지의 말씀에는 예루살렘에서 일어난 성령의 역사, 복음 전도를 통해 나타난 초대교회의 부흥을 다루고 있습니다. 그 결과가 사도행전 6장 7절의 말씀입니다. "하나님의 말씀이 점점 왕성하여 예루살렘에 있는 제자의 수가 더 심히 많아지고 허다한 제사장의 무리도 이 도에 복종하니라" 그런데 이렇게 놀라운 부흥의 역사가 일어나는 가운데 하나님께서 복음의 확산을 위한 도구로 사용한 인물이 바로 스데반이었고, 그 방법은 스데반의 순교였습니다.

스데반의 순교가 기폭제가 되어 예루살렘에만 머물러 있던 복음이 본격적으로 확산되어 나간 것입니다. 여러분도 세상의 인플루언서들처럼 자기 중심, 자기 것 중심, 자기 성공 중심의 창세기 3장, 6장, 11장의 삶을 살아서는 안 됩니다. 스데반과 같이 하나님 앞에 본질적으로 쓰임을 받으며 영광의 면류관을 얻는 영적 인플루언서, 복음 인플루언서로 당당히 서야 할 것입니다.

## 말씀의 망대가 확고했던 스데반

> 스데반이 은혜와 권능이 충만하여 큰 기사와 표적을 민간에 행하니 이른바 자유민들 즉 구레네인, 알렉산드리아인, 길리기아와 아시아에서 온 사람들의 회당에서 어떤 자들이 일어나 스데반과 더불어 논쟁할새 스데반이 지혜와 성령으로 말함을 그들이 능히 당하지 못하여
> —사도행전 6:8~10

초대교회의 일꾼으로 세워진 스데반은 재정이나 구제 사역을 맡는 것에 그치지 않고 현장을 파고 들어갔던 복음전도자, 현장 사령관이었습니다. 이

시대 중직자의 롤모델이 바로 스데반입니다. 앞의 성경 말씀을 보면 은혜와 권능이 충만했던 스데반을 통해 큰 기사와 표적이 나타났습니다. 큰 기사와 표적이 중요한 것이 아니라 복음을 증거하는 그를 통해 성령의 놀라운 역사가 일어났다는 점을 보아야 합니다. 특히 스데반은 자신의 출신 배경인 헬라파 유대인들을 먼저 파고 들어갔습니다. 앞의 성경 말씀에 따르면 자유민들의 회당에서 스데반이 복음을 전했음을 볼 수 있습니다.

 자유민은 한때는 노예였다가 자유롭게 된 사람들이나 그 후손들을 말합니다. 이들은 로마제국의 자유민 신분으로 이스라엘이 아닌 다른 나라에서 살다가 예루살렘으로 돌아왔는데, 언어와 문화가 달랐기 때문에 본토 사람들과 잘 어울리지 못했습니다. 그래서 예루살렘 성전이 있었지만, 출신 지역별로 회당을 만들어 함께 신앙생활을 했습니다. 유대인들의 규례를 보면 유대인 성인 남자 열 명만 있으면 회당을 만들 수 있었습니다. 앞의 성경 말씀을 보면 북아프리카의 구레네, 이집트의 알렉산드리아, 지금의 터키인 소아시아 지역의 길리기아와 에베소에서 온 사람들이 다니는 회당들이 있었음을 볼 수 있습니다. 이들은 본토 출신인 히브리파 유대인들보다 신앙적 열정이 더 대단했습니다.

 스데반도 헬라파 유대인이었기 때문에 이들을 떠올렸습니다. 사도 바울이 회당 전략을 썼는데, 어떻게 보면 스데반이 회당 전략의 원조입니다. 스데반은 이들도 자기처럼 참 복음 깨닫기를 원한다는 것을 알고 회당을 파고 들어갔습니다. 그런데 유대교 사상에 충실했던 이들은 스데반이 전한 예수 그리스도의 십자가 대속과 부활의 복음을 받아들이지 않았고, 결국 논쟁으로 흐르게 되었습니다. 하지만 이들은 지혜와 성령으로 충만했던 스데반의 상대가 되지 못했습니다. 그래서 스데반을 모함하여 산헤드린 공회에 고소하는 전략을 택한 것입니다. 그 핵심이 예수님을 십자가에 못 박았던 죄목과 동일한 신성 모독죄였습니다.

앞의 성경 말씀 내용을 보면 이들이 생명보다 더 중요하게 여기는 율법과 성전에 대한 기존 신념에 반하는 메시지를 스데반이 했는데, 모세 율법은 예수님을 통해 완성되었다고 하고, 특히 성전을 허문다는 말도 안 되는 소리를 했다는 것입니다. 이것은 예수님께서 성전을 헐고 사흘 만에 세울 것이라고 말씀하신 것을 꼬투리 잡은 것입니다. 이 말씀의 핵심은 예수님의 부활을 의미하는 것이지만, 이들은 그 의미를 전혀 깨닫지 못하고 성전이 무너진다는 것에만 꽂혀 있었습니다. 결국 스데반은 체포되어 공회 앞에 서게 됩니다.

대제사장이 이르되 이것이 사실이냐 _사도행전 7:1

"이것이 사실이냐?"는 질문은 단순한 질문이 아니었습니다. 자기주장을 굽히지 않으면 죽음에 이르게 하는 생명이 걸린 질문이었습니다. 그런데 스데반은 전혀 흔들리지 않았습니다. 사도행전 6장 15절에 보면 공회 앞에 붙잡혀 왔던 스데반의 얼굴이 마치 천사의 얼굴과 같았다고 표현하고 있습니다. 어떤 불안과 흔들림도 없이 그 모습이 평안 그 자체였다는 것입니다.

오직 예수 그리스도만 바라보았던 스데반은 사도행전 7장 2~53절까지 긴 메시지를 대제사장을 비롯한 유대의 종교 지도자들에게 선포했습니다. 이 메시지는 창세기부터 말라기까지의 내용을 간단명료하게 압축 요약한 것입니다. 스데반은 지금 모함을 받아 말 한마디에 따라 자신의 생사가 오가는 죽음의 위기에 처해 있는 상황 속에 있었습니다. 그런데 어떻게 구약 39

권을 이렇게 일목요연하게 정리하고 선포했는지 놀라움 그 자체입니다. 이것은 결국 말씀의 망대가 스데반 안에 견고하게 세워져 있었다는 것입니다. 말씀의 망대가 견고하게 세워지면 그 어떤 상황 속에서도 흔들리지 않고, 담대하게 거침없이 그 말씀을 선포하게 됩니다.

 스데반이 이렇게 구약의 말씀을 인용하고 있는 이유가 있습니다. 지금 스데반 앞에 서 있는 대제사장과 서기관들과 바리새인들은 누구보다도 구약에 정통하다고 자부하는 사람들이었습니다. 그래서 구약의 말씀을 인용해서 이스라엘 백성들이 보여주었던 불순종의 역사와 똑같이 주의 성령을 거슬러 지금도 불순종하고 있다는 사실을 논증한 것입니다. 스데반의 메시지 선포는 단순히 개인적인 변호가 아니었습니다. 기독교 전체를 대변하는 메시지였습니다. 그러면서 스데반은 마치 폭탄선언을 하듯 자신이 전하고자 하는 메시지의 핵심을 선포했습니다.

> 목이 곧고 마음과 귀에 할례를 받지 못한 사람들아 너희도 너희 조상과 같이 항상 성령을 거스르는도다 너희 조상들이 선지자들 중의 누구를 박해하지 아니하였느냐 의인이 오시리라 예고한 자들을 그들이 죽였고 이제 너희는 그 의인을 잡아 준 자요 살인한 자가 되나니 너희는 천사가 전한 율법을 받고도 지키지 아니하였도다 하니라 _사도행전 7:51~53

 스데반은 메시지를 통해서 하나님을 믿고 그 말씀에 순종하는 이스라엘 백성들이 있는가 하면 겉으로는 하나님을 믿는다고 하면서 실상은 하나님의 말씀을 거역하고, 우상숭배 하며 오히려 하나님의 종을 죽이는 불순한 이스라엘 백성이 있다고 하였습니다. 스데반이 말하는 것은 너희 조상들이 하나님의 선지자들을 핍박하고 죽인 것처럼 너희들도 메시아이신 예수 그리스도를 십자가에 못 박았다는 것입니다.

결국 스데반 메시지의 핵심은 예수 그리스도입니다. 창세기 3장 15절에 예언된 그 여자의 후손이 바로 예수 그리스도라는 것입니다. 우리가 현장에서 선포하여야 할 말씀도 바로 예수가 그리스도라는 것입니다. 스데반이 구약 역사를 꿰뚫고 있듯이 여러분도 언약의 흐름을 분명히 알고 있어야 합니다. 이를 위해서는 매 주일 강단의 흐름을 놓치지 않아야 합니다. 이것이 말씀의 망대를 세우는 삶의 핵심입니다. 강단과 24시간 소통하면 나머지는 자연스럽게 세워지게 되어 있습니다. 강단과 24시간 소통한다는 것은 기도의 망대를 세우는 것입니다. 이렇게 나의 망대가 세워지면 자연스럽게 그 영적 영향력이 가정으로, 교회로, 직장과 사업장으로, 학업 현장과 지역으로 흘러가게 되어있습니다. 이것이 현장의 망대를 세우는 삶입니다.

## 시대를 변화시킨 순교자 스데반

그들이 이 말을 듣고 마음에 찔려 그를 향하여 이를 갈거늘 _사도행전 7:54

스데반의 메시지를 들은 대제사장과 서기관들과 바리새인들의 반응이 나옵니다. 마음에 찔렸다는 말은 정곡을 찔렸다는 것으로 이들은 큰 충격을 받았습니다. 그런데 이들은 분명히 스데반의 메시지를 듣고 그 메시지를 통해서 자신들의 잘못을 알았음에도 오히려 분노하고 스데반을 공격했습니다. 군중들은 스데반에게 달려들어 성 밖으로 내치고 돌로 쳤고, 결국 스데반은 예수님께서 십자가상에서 하신 말씀처럼 "주여 이 죄를 그들에게 돌리지 마옵소서"라는 기도와 함께 순교했습니다. 사도행전 7장 60절을 보면 누가는 이런 스데반의 순교를 죽었다고 하지 않고 부활의 메시지를 담아 "자니라"라고 표현했습니다. 스데반이 부활의 영광에 동참하여 그 이름 뜻대로 승리와 영광의 면류관을 받았다는 것입니다.

스데반의 순교는 무엇보다 시대를 바꾸는 영적 변화를 일으켰습니다. 그 영적 파급력은 놀라웠습니다. 사도행전 8장 1절에 밝히고 있듯이 복음이 예루살렘을 넘어 유대와 사마리아와 모든 땅으로 확산되는 직접적인 계기가 되었습니다. 특히 중요한 것은 스데반의 순교 과정을 통해서 장차 이방을 살릴 그릇으로 준비된 사울의 내적인 변화가 시작되었다는 것입니다. 사도행전 7장 58절에 보면, 군중들이 스데반을 성 밖으로 내치고 돌로 칠 때 증인들이 옷을 벗어 사울이라 하는 청년의 발 앞에 두었다고 밝히고 있습니다. 이런 행동은 자신들의 행위가 정당한 것이고, 사울이 이들의 지도자라는 사실을 보여주는 것입니다.

전후 상황에 대한 구체적인 설명이 없기에 사울이 스데반의 순교와 어떻게 연관되어 있는지 정확히 알 수는 없지만, 직접 돌을 던지지 않았더라도 스데반의 처형에 적극 동조했고 그 집행 과정에서 리더 역할을 했던 것입니다. 사실 길리기아 다소 출신인 사울도 스데반처럼 헬라파 유대인이었고 아마 같은 회당에서 신앙생활을 했을 것입니다. 그런데 어느 날 스데반이 유대교에서 이단이었던 예수를 믿고 전혀 다른 길로 가니 사울은 엄청난 배신감을 느꼈을 것입니다. 그러니 사도행전 8장 1절에서 밝히고 있는 것처럼 스데반의 죽음도 마땅한 것으로 여겼던 것입니다. 하지만 사울에게는 이 스데반의 순교가 변화의 시작이었습니다. 스데반의 메시지를 직접 듣고, 스데반의 순교를 목도하면서 그 마음에 잔잔한 파문이 일어나기 시작했고, 결정적으로 다메섹 도상에서 부활하신 예수 그리스도를 만남으로써 완전히 변화된 것입니다.

「유토피아」를 쓴 토마스 모어가 교수형을 당하면서 재판장에게 마지막으로 한 유명한 말이 있습니다.

"성경에 보면 스데반이 돌에 맞아 죽는다. 죽을 때 옆에 사울이라는 청년이 있었다. 스데반이 기도하고 용서하며 천사의 얼굴을 하고 죽었는데, 결국은 그 사울이 변하여 예수를 믿고 사도 바울이 되었다. 변화된 바울도 한평생 복음을 전하고 순교해 하늘나라에서 서로 만나 영원한 친구로 행복하게 산다. 내가 오늘 당신의 손에 죽지만 언젠가는 당신이 예수를 믿고 하늘나라에서 나와 만나 영원히 친구로 함께할 것을 믿는다."

스데반은 순교했지만, 제2, 제3의 스데반이 나타나게 되었습니다. 여러분의 삶도 이런 스데반의 발걸음이 되기를 바랍니다. 스데반처럼, 사도 바울처럼 영적 존재감 있는 삶을 살다가 영광의 면류관, 승리의 면류관을 받게 되시기를 예수 그리스도의 이름으로 축복합니다.

# 12

## 전하면 산다!

⁴그 흩어진 사람들이 두루 다니며 복음의 말씀을 전할새 ⁵빌립이 사마리아 성에 내려가 그리스도를 백성에게 전파하니 ⁶무리가 빌립의 말도 듣고 행하는 표적도 보고 한마음으로 그가 하는 말을 따르더라 ⁷많은 사람에게 붙었던 더러운 귀신들이 크게 소리를 지르며 나가고 또 많은 중풍병자와 못 걷는 사람이 나으니 ⁸그 성에 큰 기쁨이 있더라 _사도행전 8:4~8

ACTS

# 현장 중직자 빌립

사도행전 8장은 스데반의 순교에 이어 예루살렘에 큰 박해가 있어서 사도 외에는 전부 다 유대와 사마리아와 모든 땅으로 흩어지는 것으로 시작합니다. 당시 예루살렘 교회는 현실에 안주하는 면이 있었습니다. 어떻게 보면 갑작스러운 부흥에 놀라서 사도행전 1장 8절의 언약을 놓친 채 당장 수많은 성도들을 목양하고 그들의 필요를 채워주는 일을 감당하기에도 벅찼던 것입니다. 그런데 하나님의 관심은 예루살렘에만 있는 것이 아니었습니다. 예루살렘을 넘어 온 유대와 사마리아와 땅끝까지 복음이 전해지는 것이 하나님의 뜻이며 절대 계획입니다. 하나님은 자기들만의 울타리를 만들어 놓고 거기에 안주하는 것을 원하지 않으십니다. 복음은 계속 확산되어야만 합니다.

앞의 성경 말씀을 보면, 스데반과 더불어 초대교회 중직자로 쌍벽을 이루는 인물이 등장합니다. 바로 빌립입니다. 빌립은 스데반과 함께 교회 안의 행정을 감당했을 뿐만 아니라 하나님의 말씀을 전파하는 현장 중직자였습니다. 그리고 두 사람의 사역 가운데 하나님의 놀라운 역사가 함께했음을 나타내는 기사와 표적이 동일하게 일어났습니다. 스데반이 복음 확산의 도화선이었다면, 빌립은 그 도화선에 불을 붙여서 실제 현장을 파고 들어간 전도자였습니다. 무엇보다 빌립의 사역을 통해 현장과 개인이 변화되고 살아나는 역사가 일어났습니다. "전하면 산다!"라는 사실을 우리가 깨달아야 합니다.

# 전도자 빌립

스데반의 순교로 인해 촉발된 큰 박해로 초대교회 성도들이 각 나라로 흩어지게 되었습니다. 그런데 흩어진 사람들이 도망을 가서 몸을 숨긴 것이 아니라, 놀랍게도 이들은 예수가 그리스도 되신다는 십자가 대속과 부활의 복음을 증거했습니다. 이들은 흩어짐 속에서도 예수님께서 부활 승천하시면서 마지막으로 남기신 사도행전 1장 8절의 언약을 새롭게 붙잡고 하나님의 시간표를 본 것입니다. 이것이 무엇을 의미합니까? 우리는 우리의 생각대로 모든 환경이 이루어지지 않을 때 더더욱 하나님의 계획을 붙잡아야 한다는 것입니다. 다시 말해 모든 사건과 환경을 전도의 눈으로 바라보라는 것입니다. 내가 원하든 원치 않든 주어진 삶의 현실 속에서 선교적 의미를 발견하시고, 나의 가난, 무능, 질병을 초월하는 응답의 시간표로 삼으시기를 바랍니다.

당시 유대인들과 사마리아인 사이의 적대감은 뿌리가 깊었습니다. 북이스라엘의 수도였던 사마리아는 남과 북으로 갈라졌을 때부터 깊은 반목과 갈등이 생겨났습니다. 신앙적으로도 혼합주의 그 자체였으며, 앗수르에 의해 멸망당한 후에 앗수르가 취한 혼혈 정책으로 사마리아 사람들이 혼혈

인이 되었습니다. 결국 순수 혈통을 강조하던 유대인들에게 사마리아 사람들은 멸시의 대상이 되었고, 사마리아 지역은 유대인이 가기를 가장 꺼려했던 지역이 된 것입니다. 남쪽의 예루살렘에서 갈릴리로 갈 때 사마리아를 거쳐 가면 훨씬 빠르지만, 그 길로 가지 않고 두 배나 먼 길을 택해 갔을 정도였습니다.

그런데 빌립이 이런 사마리아 현장에 가서 복음을 증거하였습니다. "빌립이 사마리아 성에 내려가 그리스도를 백성에게 전파하니"라는 말씀에서 보듯 전도자 빌립이 전했던 것은 바로 그리스도였습니다. 사도행전 8장 12절을 보면 보다 구체적으로 빌립이 하나님 나라와 예수 그리스도의 이름에 관하여 전도했다고 나옵니다. 빌립은 예수가 그리스도 되신다는 갈보리산 언약, 하나님 나라 확장의 미션을 붙잡는 감람산 언약, 성령의 내주, 인도, 역사하심을 체험하는 마가다락방 언약이 확실하게 각인되어 있었음을 볼 수 있습니다.

사도행전 8장 7절에 보면 정확하게 선포된 예수 그리스도의 이름 앞에 많은 사람에게 붙었던 더러운 귀신들이 떠나가고 수많은 중풍병자와 앉은뱅이가 치유되는 기적이 일어났습니다. 빌립의 능력이 아니라 예수 그리스도 그 이름에 능력이 있습니다. 우리는 그 이름의 권세를 사용하기만 하면 되는 것입니다. 그러면 어떻게 됩니까? 사도행전 8장 8절을 보면, "그 성에 큰 기쁨이 있더라"라고 했습니다. 예수 그리스도의 복음이 전파된 그 현장에는 큰 기쁨이 임하게 되어 있습니다. 그리스도의 빛이 임하니 어둠이 물러간 것입니다. 세상 근심과 염려가 다 사라지고, 참 평안이 임하게 된다는 사실을 깨달으시기 바랍니다.

# 선교사 빌립 ✒

> 주의 사자가 빌립에게 말하여 이르되 일어나서 남쪽으로 향하여 예루살렘에서 가사로 내려가는 길까지 가라 하니 그 길은 광야라 일어나 가서 보니 에디오피아 사람 곧 에디오피아 여왕 간다게의 모든 국고를 맡은 관리인 내시가 예배하러 예루살렘에 왔다가 돌아가는데 수레를 타고 선지자 이사야의 글을 읽더라 _사도행전 8:26~28

 예수 그리스도의 복음으로 사마리아성을 뒤집었던 빌립에게 광야 길로 가라는 성령의 음성이 들렸습니다. 빌립은 그 음성에 따랐고, 거기에서 에디오피아 여왕 간다게의 국고 관리인이었던 내시를 만나게 됩니다. 이 내시는 에디오피아 권력의 정점에 있었던 인물로 예배를 드리러 예루살렘에 왔다가 다시 돌아가는 길이었고, 수레 안에서 선지자 이사야의 글을 읽고 있었습니다. 여러 가지 정황상 이 에디오피아 내시는 디아스포라 유대인이었습니다.

 사실 에디오피아에서 예루살렘까지는 1,500km가 넘는 거리로 마차로 여행 시 적어도 한 달이 넘게 걸리는 엄청난 거리입니다. 그 먼 거리를 개의치 않고 예배를 드리기 위해 예루살렘을 찾아왔다 돌아가는 길에 당시에 구하기도 힘들었던 이사야 사본을 읽으면서 갔다는 것을 보면 이 내시는 어느 누구도 따라갈 수 없을 만큼 대단한 종교적 열심을 가지고 있다는 것을 알 수 있습니다.

 사도행전 8장 29절에 보면, 성령께서 빌립에게 수레로 가까이 가라고 명하였고, 빌립은 이사야서를 소리 내어 읽고 있던 내시에게 그 뜻을 알고 있는지를 물었습니다. 이때 내시는 지도해주는 사람이 없으니 어찌 깨달을 수 있느냐고 반문하면서 빌립을 자신의 수레에 타게 했습니다. 그래서 일명 마차 다락방이 시작된 것입니다.

읽는 성경 구절은 이것이니 일렀으되 그가 도살자에게로 가는 양과 같이 끌려갔고 털 깎는 자 앞에 있는 어린 양이 조용함과 같이 그의 입을 열지 아니하였도다 그가 굴욕을 당했을 때 공정한 재판도 받지 못하였으니 누가 그의 세대를 말하리요 그의 생명이 땅에서 빼앗김이로다 하였거늘 그 내시가 빌립에게 말하되 청컨대 내가 묻노니 선지자가 이 말한 것이 누구를 가리킴이냐 자기를 가리킴이냐 타인을 가리킴이냐 빌립이 입을 열어 이 글에서 시작하여 예수를 가르쳐 복음을 전하니 _사도행전 8:32~35

지금 이 내시가 읽고 있는 부분이 속죄 제물이 되실 예수 그리스도를 예언한 부분이었습니다. 앞의 성경 말씀 34절에 보면, 여기서 말하는 '그'가 누구냐는 것이 이 내시의 궁금증이었습니다. 이 내시의 질문에 빌립이 여기서 말하는 '그'가 바로 우리의 허물과 죄를 대신해 묵묵히 십자가를 지신 예수 그리스도이심을 말하며 정확히 복음을 전했습니다. 구약에서 그렇게 예언했던 메시아가 바로 예수님이시며, 그분이 우리 인생의 모든 죄를 대신 지시고, 우리를 창세기 3장의 저주에서 해방시켜 주신 분임을 말했습니다. 한 마디로 영접 메시지를 확실하게 한 것입니다.

사도행전 8장 38~39절에 보면, 갈급한 종교인이었던 내시는 선교사 빌립을 통해서 정확히 예수 그리스도를 믿고 세례를 받은 후 기쁘게 자기 나라로 돌아갔음을 볼 수 있습니다. 어떻게 보면 그의 평생 묵은 체증이 내려간 것입니다. 사마리아 성에 복음이 전해졌을 때 그 현장이 기쁨으로 변화되었고, 복음을 받았던 에디오피아 내시도 살아났고 큰 기쁨을 회복했습니다. 우리가 복음을 전하게 되면 이처럼 살아나게 되어 있다는 사실을 반드시 깨달으시기 바랍니다.

소설가 이외수의 「글쓰기의 공중부양」이라는 책을 보면, "어떤 놈이 나쁜 놈일까?"라는 질문을 하고는 답변을 합니다. 그의 답변을 보면 나쁜 놈은 '나뿐인 놈'이라는 것입니다. 나뿐인 놈이 음운학적인 변천 과정을 거쳐 나쁜 놈이 되었을 것이라고 개인적 생각을 덧붙이기도 했습니다. 정말 그런지는 알 수 없지만, 자기 자신만을 생각하는 사람인 '나뿐인 놈'이 나쁜 놈이라는 생각에는 모두가 다 공감하실 것입니다.

영적인 삶에서도 이렇게 나뿐인 삶을 살면 절대 안 됩니다. 창세기 3장의 나, 6장의 나의 것, 11장의 나의 성공 중심의 삶에서 참 자유함을 얻어야 합니다. 완전히 벗어나야 합니다. 그래야 우리의 시선이 현장을 바라보게 되어 있습니다. 전도자요 선교사였던 빌립이 그러했습니다. 빌립은 영적으로 민감했고, 하나님의 말씀 앞에 자기 자신을 다 내려놓았습니다. 당시의 고정관념, 선입견, 편견의 틀을 다 깼던 것입니다. 사도행전 8장 40절에 보면, 빌립이 아소도에 나타나 여러 성을 지나다니며 복음을 전하고 가이사랴에 이르렀다고 밝히고 있습니다. 블레셋의 수도였던 아소도를 기점으로 가이사랴까지 해변 길을 따라 올라가면서 유대 지역에 복음을 증거한 것입니다.

사도행전 21장 8~10절을 보면 누가는 이런 빌립을 '전도자 빌립'이라고 호칭하고 있습니다. 그리고 그의 딸 네 명도 가이사랴 지역 복음화에 쓰임받는 삶을 살았습니다. 한 가정이 초대교회 전도와 선교의 모델이 되었던 것입니다. 여러분의 가정도 빌립의 가정과 같은 전도자의 가정이 되기를 바랍니다. 이를 통해 만국을 기업으로 얻게 하는 응답을 얻게 되시기를 예수 그리스도의 이름으로 축복합니다.

# 하나님이 택한 그릇!

<sup>10</sup> 그 때에 다메섹에 아나니아라 하는 제자가 있더니 주께서 환상 중에 불러 이르시되 아나니아야 하시거늘 대답하되 주여 내가 여기 있나이다 하니 <sup>11</sup> 주께서 이르시되 일어나 직가라 하는 거리로 가서 유다의 집에서 다소 사람 사울이라 하는 사람을 찾으라 그가 기도하는 중이니라 <sup>12</sup> 그가 아나니아라 하는 사람이 들어와서 자기에게 안수하여 다시 보게 하는 것을 보았느니라 하시거늘 <sup>13</sup> 아나니아가 대답하되 주여 이 사람에 대하여 내가 여러 사람에게 듣사온즉 그가 예루살렘에서 주의 성도에게 적지 않은 해를 끼쳤다 하더니 <sup>14</sup> 여기서도 주의 이름을 부르는 모든 사람을 결박할 권한을 대제사장들에게서 받았나이다 하거늘 <sup>15</sup> 주께서 이르시되 가라 이 사람은 내 이름을 이방인과 임금들과 이스라엘 자손들에게 전하기 위하여 택한 나의 그릇이라 <sup>16</sup> 그가 내 이름을 위하여 얼마나 고난을 받아야 할 것을 내가 그에게 보이리라 하시니 <sup>17</sup> 아니아가 떠나 그 집에 들어가서 그에게 안수하여 이르되 형제 사울아 주 곧 네가 오는 길에서 나타나셨던 예수께서 나를 보내어 너로 다시 보게 하시고 성령으로 충만하게 하신다 하니 <sup>18</sup> 즉시 사울의 눈에서 비늘 같은 것이 벗어져 다시 보게 된지라 일어나 세례를 받고 <sup>19</sup> 음식을 먹으매 강건하여지니라 사울이 다메섹에 있는 제자들과 함께 며칠 있을새 _사도행전 9:10~19

# 생명 살리는 도구

사도행전 9장은 시대적 전도자 사도 바울이 변화된 다메섹 사건으로 시작합니다. 스데반의 순교 이후 예루살렘에 큰 박해가 있었는데, 이 박해의 주도자 중 한 사람이 사울이었습니다. 사울은 바울의 히브리식 이름입니다. 당시 유대교의 열성 당원이었던 사울은 예루살렘에 그치지 않고 다메섹에 있던 예수 믿는 자를 체포하기 위해 갔던 것입니다. 위협과 살기로 가득 찬 상태에서 대제사장으로부터 공문을 받고는 예수 믿는 사람들을 체포하기 위해 다메섹을 향해 나아갔습니다. 사울 입장에서는 이것이 하나님을 가장 기쁘게 하는 일이라고 철석같이 믿고 있었습니다. 그런데 다메섹으로 가는 도중에 부활하신 예수님을 만나면서 그의 인생에 일대 전환이 일어난 것입니다.

한 신학자가 "사도행전의 두 가지 큰 사건이 있다면 하나는 오순절 성령강림 사건이요, 다른 하나는 사울이 예수님을 만나 회심한 사건이다."라고 말했을 정도로 오순절 성령강림 이후 최대의 사건이 바로 사울이 예수님을 만난 사건이었습니다. 이 만남은 단순한 만남이 아니었습니다. 스데반의 순교가 예루살렘에만 머물러 있던 복음을 이방 세계로 확산시켜 나가는 도화선이 되었다면, 사울이 부활하신 예수님을 만난 다메섹 사건은 복음 확산의 기폭제가 된 것입니다. 인생의 터닝포인트를 맞이한 사울을 통해 복음이 활화산처럼 불타오르며 확산되어 갔습니다.

사도행전 9장 15절을 보면, 하나님께서 복음의 확산을 위해 준비한 사울에 대해 이렇게 영적 정체성을 부여하십니다. "이 사람은 내 이름을 이방인과 임금들과 이스라엘 자손들에게 전하기 위하여 택한 나의 그릇이라" 사울이 이방 세계 복음화를 위해, 지금 표현으로 하자면 237나라 5천 종족 복음화를 위해 하나님이 택한 그릇으로 하나님이 쓰시기 위해 준비해 놓으셨다는 것입니다. 우리 인생은 크게 두 가지 택함의 은혜를 체험해야 합니다. 그 첫 번째가 하나님의 자녀로 택함을 받은 은혜입니다. 에베소서 1장 3~5절을 보면, 이 영적 진리를 밝히고 있습니다. "찬송하리로다 하나님 곧 우리 주 예수 그리스도의 아버지께서 그리스도 안에서 하늘에 속한 신령한 복을 우리에게 주시되 곧 창세 전에 그리스도 안에서 우리를 택하사 우리로 사랑 안에서 그 앞에 거룩하고 흠이 없게 하시려고 그 기쁘신 뜻대로 우리를 예정하사 예수 그리스도로 말미암아 자기의 아들들이 되게 하셨으니" 얼마나 놀라운 Heavenly Blessing입니까? 이 구원의 축복을 누리는 것에서부터 신앙생활이 시작되는 것입니다.

그리고 우리에게 주신 두 번째 택함의 은혜가 기록된 말씀이 사도행전 9장입니다. 그것은 바로 사명으로의 부르심입니다. 생명 살리는 도구로 우리가 택함을 받았다는 영적 의식을 갖는 것이 중요합니다. 이 의식을 가지는 순간부터 영적 성장이 일어납니다. 생명을 살리기 위해서는 준비가 되어 있어야 하기 때문입니다. 그래서 말씀을 들으면 집중하게 되어 있습니다. 기도를 하지 말라고 해도 할 수밖에 없습니다. 그 입을 통해 예수가 그리스도 되신다는 생명의 복음을 전할 수밖에 없는 삶이 되는 것입니다.

## 변화된 박해자 사울

사울이 주의 제자들에 대하여 여전히 위협과 살기가 등등하여 대제사장에게 가서 다메섹

스데반의 순교로 인해 촉발된 박해는 그리스도인들을 움츠러들게 하지 못
했고, 오히려 각 지역과 나라로 흩어져 복음을 전하는 계기가 되었습니다.
그 가운데 다메섹에도 복음이 증거되었고, 그곳에 예수 믿는 자들이 늘어
났습니다. 다메섹은 지금 시리아의 수도 '다마스쿠스'입니다. 예루살렘에
서 북쪽으로 약 240km 정도 떨어져 있는 이 도시는 로마제국 당시 가장 큰
도시 중 하나였습니다.

당시 약 4만 명의 유대인이 살고 있었던 다메섹에는 30여 개의 회당이 있
었다고 합니다. 이곳으로 피신을 갔던 많은 그리스도인들이 거기서도 복음
을 증거했습니다. 이 소식을 들은 사울은 가만히 있을 수가 없었습니다. 이
들이 또 회당으로 파고 들어가 많은 유대인들을 변화시킬 것을 생각하니 정
신이 번쩍 든 사울은 대제사장에게 가서 여러 회당에 가져갈 공문을 받아
출발했습니다. 쉽게 설명하면 예수 믿는 자들을 공식적으로 체포할 수 있
는 영장을 발부받아 남녀를 막론하고 누구든 예수를 믿는 자라면 잡아 오
려고 다메섹을 향해 떠난 것입니다.

사울의 인생을 180도로 변화시킨 부활하신 예수 그리스도와의 만남의 장
면입니다. 다메섹을 향해 가던 사울에게 빛이 하늘로부터 비춰었습니다. 사

도행전 26장을 보면 사도 바울은 그 빛을 해보다 더 밝은 빛이라고 표현했습니다. 그 빛이 얼마나 강렬했던지 사울은 땅에 엎드러졌고, "사울아 사울아 네가 어찌하여 나를 박해하느냐?"라는 자신을 부르는 소리를 들었습니다. 그러자 사울은 누구신지 물었고, 예수님께서 "나는 네가 박해하는 예수라."라고 답변하셨습니다.

사울의 박해 대상은 단순히 예수 믿는 사람들이 아니었습니다. 근원적으로 사울의 박해는 예수님을 향한 것이었습니다. 이것을 부활하신 예수님께서 친히 나타나셔서 완전히 무력화시키신 것입니다. 빛보다 강한 빛으로 인해 사울의 눈은 어두워졌고, 결국 사람들에 이끌려 다메섹으로 들어가게 됩니다. 사울이 얼마나 큰 충격을 받았겠습니까? "나는 네가 박해하는 예수라"는 그 음성에 그토록 완고했던, 지금까지 자신이 생명보다 더 귀하게 붙잡고 있었던 모든 신념과 가치관이 한순간에 꺾이게 된 것입니다.

다메섹 사건을 가리켜 신학적으로 '사울의 회심'이라고 표현합니다. 우리는 회심이라는 표현보다는 회개와 거듭남과 같은 표현을 많이 사용하는데, 회심이 가지는 중요한 영적 의미가 있습니다. 회심은 마음의 변화인 동시에 외적으로 나타나는 실제적인 생활의 변화, 인격의 변화까지 포함되는 것입니다. 한 마디로 옛 틀을 완전히 깨고 새 틀을 갖추는 것입니다. 이어지는 내용을 보면 사울이 얼마나 확실하게 회심했던지 예수님께서 준비해 놓으신 70인 제자 아나니아의 팀사역 이후 즉시로 회당에서 예수가 하나님의 아들이심을 전파했습니다. 듣던 사람이 다 놀라서 예수 믿는 자들을 체포하러 왔던 그가 어떻게 180도 변하여 예수를 증거하느냐고 했습니다. 사울은 이런 현장의 반응에 좌우되지 않고 성령의 권능에 힘입어 더 힘 있게 예수를 그리스도라 증언하여 다메섹에 사는 유대인들을 당혹하게 했습니다. 유대인들이 사울을 죽이기 위해 공모까지 하게 될 정도로 증거를 보였던 것입니다.

 사울은 다메섹 체험 이후 완전히 변화되었습니다. 머뭇거리지 않았고, 다시 뒤돌아보지도 않았고, 의심도 하지 않았습니다. 사명을 다하여 순교하는 그 순간까지 일심, 전심, 지속하면서 오직과 집중의 삶을 산 것입니다. 우리 신앙 여정에도 박해자 사울이 전도자 바울로 완전히 바뀌는 터닝포인트, 영적 다메섹 체험이 있어야 합니다. 어떻게 그렇게 될 수 있습니까? 사도행전 9장 20절에 나온 표현에 그 답이 있습니다. 바로 '즉시로'입니다. 내 인생의 변화와 신앙생활의 성장은 '즉시로' 하느냐 그렇지 않느냐에 따라 결과가 달라집니다. 즉시로 실행하지 않으면 마귀가 아주 교묘하게 '나중에'라는 가라지를 뿌립니다. 이런 말이 있습니다. "마귀의 시간은 내일이고, 하나님의 시간은 오늘이다." 마귀의 특징은 실행을 자꾸 미루게 해서 갈등하도록 만드는 것입니다.

 응답받는 신앙생활은 하나님의 말씀이 레마로 부딪혔을 때 즉시로 실행하느냐 그렇지 않느냐에 달려 있습니다. 이런 '즉시로'의 즉각적 실행력과 함께 동전의 양면처럼 한 가지가 더 있으면 영적 시너지 효과가 생깁니다. 그것은 바로 '무시로'입니다. 기도의 무시로가 되어야 합니다. 에베소서 6장 18절에 보면, "모든 기도와 간구를 하되 항상 성령 안에서 기도하고"라고 말씀합니다. 그런데 이전 성경을 보면 "모든 기도와 간구로 하되 무시로 성령 안에서 기도하고"라고 되어 있습니다. 항상, 무시로 하나님의 언약을 붙잡는 삶이 되어야 합니다. 그럴 때 우리의 수준과 환경을 초월하는 보좌의 축복이 임하게 되어 있습니다.

# 준비된 제자 아나니아 ✒

그 때에 다메섹에 아나니아라 하는 제자가 있더니 주께서 환상 중에 불러 이르시되 아나니아야 하시거늘 대답하되 주여 내가 여기 있나이다 하니 _사도행전 9:10

주님은 사울을 위해서 아나니아라고 하는 70인 제자를 준비하셨습니다. 사도행전 9장 6절에 보면 이미 사울에게 이 사실을 알려 주셨습니다. "너는 일어나 시내로 들어가라 네가 행할 것을 네게 이를 자가 있느니라" 사도행전 9장에서 하나님이 택한 그릇은 사울만이 아니었습니다. 아나니아도 하나님께 택함을 받아 변화의 주역으로 쓰임받은 그릇이었습니다. 사도행전 22장 12절에 보면 사도 바울이 아나니아에 대해 다메섹에 사는 모든 유대인들에게 칭찬을 들을 정도로 하나님의 말씀을 따라 사는 제자였음을 밝히고 있습니다. 그만큼 확실했던 것입니다.

그런데 사도행전 9장 11절 이후에 보면 아나니아가 기도 가운데 사울을 찾아가라는 주님의 음성을 듣고 적잖이 당황했습니다. 당시 박해자 사울의 악명은 자자했고, 지금 다메섹으로 온 이유도 예수 믿는 자를 체포하기 위함이라는 것을 알고 있었기 때문입니다. 이때 주께서 아나니아에게 가야 할 분명한 이유를 말씀해 주셨습니다.

주께서 이르시되 가라 이 사람은 내 이름을 이방인과 임금들과 이스라엘 자손들에게 전하기 위하여 택한 나의 그릇이라 그가 내 이름을 위하여 얼마나 고난을 받아야 할 것을 내가 그에게 보이리라 하시니 _사도행전 9:15~16

사울이 이방 세계 복음화를 위하여 하나님께서 친히 택한 그릇이라는 것입니다. 하나님의 특별 계획과 기대가 담긴 음성을 들은 아나니아는 즉시로 사울을 찾아갔습니다. 이처럼 하나님이 택한 그릇의 특징은 '즉시로'입니다.

아나니아가 사울을 만나고 그에게 예수 그리스도의 이름으로 안수하자 성령으로 충만해졌고 그의 눈을 가리고 있던 비늘 같은 것이 벗겨져 다시 볼 수 있게 되었습니다. 이후 일어나 아나니아에게 세례를 받고 음식을 먹으며 강건해졌습니다. 그리고 다메섹에 있는 제자들과 함께 며칠 있으면서 즉시로 예수를 그리스도라 증언하는 전도자로 선 것입니다. 여기서 우리가 잘 보아야 할 것이 있습니다. 사울이 어떻게 예수가 그리스도라는 참 복음의 진리를 즉시로 전파할 수 있었겠습니까? 바로 아나니아의 팀사역이 있었기 때문입니다.

아나니아의 팀사역 내용이 무엇이었겠습니까? 아나니아는 사도행전 1장에 나타난 5가지 복음의 핵심을 사울에게 전하였습니다. 첫째로 예수가 선지자, 제사장, 왕적 사명을 감당하신 그리스도라는 것입니다. 둘째는 예수가 부활하셔서 지금 살아 역사하신다는 것입니다. 이것이 무엇을 말합니까? 우리 인생의 과거, 현재, 미래를 완벽하게 책임지신다는 것입니다. 셋째는 주의 성령께서 지금 나와 함께 하셔서 인도하시고 역사하신다는 사실입니다. 넷째는 우리를 땅끝까지 복음을 증거할 증인으로 부르셨다는 것입니다. 마지막은 예수님이 재림주, 심판주로 다시 오실 것이니, 영원히 보장된 미래를 바라보며 참 소망의 삶을 살아야 한다는 것입니다. 결국 복음을 증거해야 될 분명한 이유와 근거를 팀사역한 것입니다.

아나니아의 팀사역이 진행되는 동안 구약의 말씀에 정통했던 사울이 얼마나 답이 났겠습니까? 말씀이 쑥쑥 들어온 것입니다. 오직 그리스도, 오직 하나님의 나라, 오직 성령 충만으로 결론이 난 것입니다. 시대적 전도자 바울의 변화를 위해 아나니아가 하나님이 택한 그릇으로 사실적인 쓰임을 받은 것입니다. 우리도 어떤 직분을 맡았든지 그 자리에서 하나님이 택한 그릇이라는 영적 정체성을 가져야 합니다. 분명한 천명, 소명, 사명 의식을 가지고 언약적 도전을 해야 합니다. 하나님이 택한 그릇이라는 분명한 영적 정체성을 가지고 아나니아처럼 멋지게 영적 존재감을 보여 주어야 할 것입니다.

## 하나님의 뜻

유대인 신학자였던 아브라함 요수아 헤셸은 현대인을 가리켜 '메시지를 잃어버린 메신저'라고 말했습니다. 세상에 보냄을 받기는 했는데, 내가 왜 이 세상에 왔는지를 잃어버린 채 살고 있다는 것입니다. 메시지, 즉 하나님의 뜻을 확실히 붙잡고 살 때 그 삶이 파워풀해지게 되어 있습니다. 사도 바울은 사도행전 9장 15절의 말씀을 확실히 붙잡았기 때문에 다메섹 사건 이후 흔들림이 없이 이방 현장을 파고 들어간 것입니다.

예수님도 공생애 사역을 하시면서 하나님의 뜻을 이루는 것에 모든 초점을 맞추셨습니다. 요한복음 6장 39~40절에 보면 예수님께서 친히 하나님의 뜻이 무엇인지 밝히셨습니다. "나를 보내신 이의 뜻은 내게 주신 자 중에 내가 하나도 잃어버리지 아니하고 마지막 날에 다시 살리는 이것이니라 내 아버지의 뜻은 아들을 보고 믿는 자마다 영생을 얻는 이것이니 마지막 날에 내가 이를 다시 살리리라 하시니라" 하나님께서 우리를 택하신 이유도 동일합니다. 한 영혼이라도 더 살리기 위함입니다. 그러므로 우리는 하나님이 택한 그릇으로서 하나님의 절대 계획을 확실히 붙잡고, 생명 살리는 운동에 나서야 할 것입니다. 이를 통해 모든 독자 여러분이 영적 정체성을 깨닫고 언약적 도전을 하게 되시기를 예수 그리스도의 이름으로 축복합니다.

# 14 바나바가 필요한 시대!

²³ 여러 날이 지나매 유대인들이 사울 죽이기를 공모하더니 ²⁴ 그 계교가 사울에게 알려지니라 그들이 그를 죽이려고 밤낮으로 성문까지 지키거늘 ²⁵ 그의 제자들이 밤에 사울을 광주리에 담아 성벽에서 달아 내리니라 ²⁶ 사울이 예루살렘에 가서 제자들을 사귀고자 하나 다 두려워하여 그가 제자 됨을 믿지 아니하니 ²⁷ 바나바가 데리고 사도들에게 가서 그가 길에서 어떻게 주를 보았는지와 주께서 그에게 말씀하신 일과 다메섹에서 그가 어떻게 예수의 이름으로 담대히 말하였는지를 전하니라 ²⁸ 사울이 제자들과 함께 있어 예루살렘에 출입하며 ²⁹ 또 주 예수의 이름으로 담대히 말하고 헬라파 유대인들과 함께 말하며 변론하니 그 사람들이 죽이려고 힘쓰거늘 ³⁰ 형제들이 알고 가이사랴로 데리고 내려가서 다소로 보내니라 ³¹ 그리하여 온 유대와 갈릴리와 사마리아 교회가 평안하여 든든히 서 가고 주를 경외함과 성령의 위로로 진행하여 수가 더 많아지니라

_사도행전 9:23~31

# 위로가 필요한 시대 ✒

사도행전에는 하나님 앞에 쓰임 받은 중요 인물들이 많이 등장합니다. 초반부에는 사도 베드로와 요한의 이름이 자주 나옵니다. 베드로가 예수 그리스도의 십자가 대속과 부활의 복음을 선포하자 3천 명, 5천 명이 돌아오는 놀라운 역사가 일어났습니다. 예수 그리스도의 이름으로 앉은뱅이를 일으키고 각종 기사와 이적을 행하며 예루살렘 복음화를 펼쳐 나갔습니다. 그리고 등장하는 인물은 기독교사의 첫 번째 순교자였던 스데반이었습니다. 스데반의 순교는 복음이 예루살렘이라는 지역을 넘어 사마리아와 온 유대와 각 나라로 확산되는 도화선이 되었습니다.

사마리아와 온 유대로 복음이 확산되어 갈 때 사실적으로 쓰임 받은 전도자요 선교사였던 인물이 빌립입니다. 빌립을 통해 사마리아와 온 유대, 에디오피아에 복음이 전해진 것입니다. 그리고 다메섹 사건을 통해 사울이 회심하였고, 70인 제자 아나니아의 팀사역을 통해 사울은 시대적, 대표적, 기념비적 전도자 바울로 변화되는 역사가 일어났습니다. 이런 인물들이 사도행전 전반부를 장식하고 있는데, 그 내용은 마치 태풍이 휘몰아쳐 오는 것처럼 충격적인 변화 그 자체입니다. 그런데 이렇게 충격적인 변화 이면에 잔잔하면서도 큰 임팩트를 주는 역할을 했던 숨은 인물이 있습니다. 바로 바나바입니다. 사도행전에 23회나 언급되는 바나바는 그 이름의 뜻이 '위로의 아들'입니다. 그는 이름 뜻대로 살았고, 영적 영향력을 입혔던 인물이 바나바입니다.

바나바는 참된 위로의 사역을 감당했습니다. 사실 사도 바울이 시대적인 전도자로 설 수 있었던 그 출발점에 아나니아가 있었다면, 본격적으로 구속사의 전면에 등장하도록 길을 열어 준 인물이 바로 바나바였습니다. 지금은 말씀을 통해 위로가 필요한 시대입니다. 우리도 영적 바나바의 역할을 감당하며 서로를 살리는 자리로 나아가야 할 것입니다.

## 사람을 품은 바나바

사도행전에서 바나바가 처음 등장하는 장면은 4장입니다. 베드로의 복음 메시지 선포 이후 단순 계산으로만 8천 명이 넘는 유대인들이 주께 돌아왔습니다. 이는 남자의 수만 계수하던 당시 문화를 알고 보자면 2만 명이 넘는 인원이라고 해도 무방합니다. 그런데 당시에 기득권을 가지고 정치, 경제를 주물렀던 유대 지도층이 아니라 구제 대상자들이 많이 왔습니다. 결국 교회는 이들을 보살펴 주어야 했는데, 당시 밭과 집 있는 자는 그것을 팔아서 사도들에게 가져왔고 그것을 통해 구제 사역이 진행되었습니다. 이 가운데 바나바도 있었습니다. 사도행전 4장 36~37절을 보면, "구브로에서 난 레위족 사람이 있으니 이름은 요셉이라 사도들이 일컬어 바나바라(번역하면 위로의 아들이라)하니 그가 밭이 있으매 팔아 그 값을 가지고 사도들의 발 앞에 두니라"라고 되어 있습니다. 바나바는 레위 족속이고, 요셉이 원래의 이름이었습니다. 출신지인 구브로는 지금의 키프로스인데 터키 아래, 지중해 동쪽에 있는 작은 섬나라입니다. 사도행전 13장에 보면 바울과 바나바의 첫 선교지가 구브로였고, 바나바도 헬라파 디아스포라 유대인이었음을 알 수 있습니다.

앞의 성경 말씀을 보면, 사도들이 요셉이라는 이름 대신에 바나바라는 별명을 지어준 것을 볼 때 그가 사도들 곁에서 많은 영혼을 치유하고 회복시킨 사역을 했던 위로의 대명사였음을 알 수 있습니다. 바나바가 이렇게 할 수 있었던 출발점은 마가다락방이었습니다. 마가는 바나바의 누나였던 마리아의 아들이었습니다. 마리아도 구브로에서 태어나 예루살렘으로 시집을 와서 마가를 낳았습니다. 그리고 바나바 집안은 구브로에서 아주 부유해서 누나 마리아도 120명 정도가 한 자리에 모일 수 있는 규모의 집을 가지고 있었던 것입니다.

 정확한 기록은 없지만, 마가다락방에 성령이 강림할 때 바나바도 그 현장에 있었을 것입니다. 성령 충만을 체험하고 예루살렘교회에서 사역자로 섬긴 것입니다. 베드로가 선포한 복음 메시지를 듣고 결론을 낸 것입니다. 원문을 보면 바나바의 행동을 묘사하는 '팔다', '값을 가지다', '사도들의 발 앞에 두다'라는 세 동사는 그의 행동이 얼마나 주저함 없는 단호한 실천이었는지를 보여줍니다. 그의 영적 중심이 올바르고 확고했던 것입니다. 무엇보다 하나님 앞에 헌신하는 자세와 함께 교회의 형편과 영적 가족인 가난한 성도들을 품는 마음을 가지고 있었습니다. 창세기 3장, 6장, 11장의 나 중심, 나의 것 중심, 나의 성공 중심의 삶에서 완전히 빠져나와 참 자유함을 누린 것입니다.

 사도행전 11장에 보면 스데반의 순교 이후 흩어진 사람들이 안디옥에 가서도 복음을 확산시켰습니다. 믿는 사람의 수가 계속 증가하니까 예루살렘에 있던 사도들이 이 소식을 듣고 일꾼 한 사람을 파송했는데, 그가 바로 바나바였습니다. 사도들이 자신들을 대신하여 교회를 든든히 세워갈 인물로 여길 만큼 그를 신뢰했던 것입니다. 실제로 바나바는 안디옥교회에 가서 영적 리더십을 발휘했고, 예루살렘교회 일곱 일꾼과 같은 칭찬을 받았습니다.

사도행전 11장 24절에 보면, "바나바는 착한 사람이요 성령과 믿음이 충만한 사람이라 이에 큰 무리가 주께 더하여지더라"라고 되어 있습니다. 바나바는 예루살렘에 있든지, 안디옥에 있든지 그 중심이 한결같았습니다. 하나님 마음에 맞는 중심을 가지고 올인, 집중했던 것입니다. 결과적으로 그를 통해 많은 영혼이 주께 돌아왔습니다. 특히 독특한 것은 바나바에 대해서는 성령과 믿음이 충만하다는 것 외에 착한 사람이라고 표현한다는 것입니다. 이것은 우리가 일반적으로 생각하는 착한 개념을 뛰어넘는 것으로 위로의 아들답게 다른 영혼을 품는 마음이 탁월했다는 것입니다.

"사랑의 반대말은 미움이 아니라 무관심이다."라는 말이 있습니다. 참으로 맞는 말입니다. 관심을 가진 한 사람의 따뜻한 위로와 사랑은 한 인생을 바꿀 수 있습니다. 이 시대에 바나바와 같은 영적 중심을 가진 자가 절대적으로 필요합니다. 여러분이 교회 안에서 이러한 영적 중심을 가지고 바나바처럼 사람을 품는 그릇이 되시기 바랍니다.

## 사람을 세운 바나바 ✐

> 사울이 예루살렘에 가서 제자들을 사귀고자 하나 다 두려워하여 그가 제자 됨을 믿지 아니하니 바나바가 데리고 사도들에게 가서 그가 길에서 어떻게 주를 보았는지와 주께서 그에게 말씀하신 일과 다메섹에서 그가 어떻게 예수의 이름으로 담대히 말하였는지를 전하니라
>
> _사도행전 9:26~27

다메섹에서 아나니아의 팀사역을 받은 사울은 즉시로 회당에서 예수가 하나님의 아들이심을 증거했습니다. 사람들이 사울의 모습을 보고 의심의 눈

초리를 보이고 경계했지만, 사울은 여기에 아랑곳하지 않고 힘을 더 얻어 예수를 그리스도라 증언했습니다. 이 모습을 바라보던 유대교인들은 큰 충격을 받아서 사울을 잡아 죽이려고 밤낮으로 성문을 지켰습니다. 그래서 다메섹에 있던 제자들이 사울을 광주리에 담아 성벽에 내려 도망을 치게 한 것입니다.

사울은 이후 예루살렘에 가서 그곳에 있던 제자들을 사귀고자 했습니다. 그런데 제자들은 사울이 자신들을 잡아가기 위한 위장 전술을 쓰고 있는 것으로 여기고 만나기를 꺼렸습니다. 그럴 만도 한 것이 사울의 악명이 너무나 높았기 때문입니다. 이때 사울을 적극적으로 변호해 준 사람이 바로 바나바였습니다. 바나바는 사울을 예루살렘에 있는 사도들에게 데리고 가서 다메섹 회심 사건과 그가 어떻게 예수의 이름으로 담대히 말했는지를 전했습니다. 바나바라는 별칭을 지어줄 정도로 신뢰감이 형성되어 있었던 사도들은 바나바의 말을 믿었고, 결국 사울이 예루살렘에서 제자들과 소통하게 된 것입니다.

바나바는 안디옥교회에서 사역을 하게 됐을 때 다소까지 가서 사울을 안디옥으로 데리고 왔습니다. 예루살렘에서 헬라파 유대인들과 변론하면서 복음을 증거했을 때 이들이 사울을 죽이려고 했기 때문에 제자들이 사울을 그의 고향이었던 다소로 보낸 것입니다. 바나바는 늘 사울을 가슴에 품고 있었고, 그가 사역할 수 있도록 그 문을 열어준 것입니다. 한마디로 시대적 전도자 바울을 세우는 역할을 바나바가 감당하였습니다. 바나바와 사울은 일 년간 안디옥교회에서 함께 큰 무리를 가르쳤고, 제자들이 안디옥에서 비로소 그리스도인이라 일컬음을 받게 될 정도로 증거가 일어났습니다. 특히 바나바는 바울만 세운 것이 아니었습니다. 사도행전 15장에 보면, 사도 바울과 바나바가 마가 때문에 의견 충돌을 일으켜 갈라서는 장면이 나옵니다. 마가는 제1차 선교여행 당시 함께 했는데 중간에 포기하고 예루살렘으로 돌아가 버렸습니다. 그래서 바울은 그와 함께 갈 수 없다고 했습니다. 반면에 바나바는 마가를 데리고 가서 다시 한 번 기회를 주자는 것이었습니다. 결국 서로의 의견이 좁혀지지 않아 바울은 실라와 함께 수리아와 길리기아로 선교여행을 떠났고, 바나바는 마가를 데리고 구브로로 가게 된 것입니다.

 그런데 중요한 것은 바나바가 마가를 끝까지 포기하지 않고 품어서 복음 안에서 올바로 성장할 수 있도록 했다는 것입니다. 후에 바울이 이런 마가를 다시 받아들이고 복음의 동역자로 인정할 정도로 마가는 영적 성장을 했습니다. 디모데후서 4장 11절에 보면, 바울이 디모데에게 "네가 올 때에 마가를 데리고 오라 그가 나의 일에 유익하니라"라고 요청합니다.

 그리고 마가는 우리가 잘 아는 4복음서 중의 제일 먼저 쓰여진 마가복음을 기록한 인물입니다. 이처럼 우리는 바나바가 없는 사도 바울을 생각할 수 없고, 바나바가 없는 마가를 생각할 수 없습니다. 그만큼 바나바의 사람을 세우는 사역이 빛을 본 것입니다. 우리는 이 시대에 바나바처럼 사람을 세워야 합니다. 하나님은 사람을 통해 일하시기 때문입니다. 그러므로 우리는 옆에서 서로에게 영적 바나바가 되어야 합니다.

 어떻게 하면 됩니까? 바로 성령 충만하면 됩니다. 성령은 위로의 영입니다. 그래서 성령 충만하면 자연스럽게 영적 바나바로 서게 되어 있습니다. 성령 충만은 말씀 충만이자, 기도 충만입니다. 그러면 하나님의 망대가 내 안에 서게 됩니다.

 고린도후서 1장 3~4절에 보면, 사도 바울이 "찬송하리로다 그는 우리 주 예수 그리스도의 하나님이시요 자비의 아버지시요 모든 위로의 하나님이시며 우리의 모든 환난 중에서 우리를 위로하사 우리로 하여금 하나님께 받는 위로로써 모든 환난 중에 있는 자들을 능히 위로하게 하시는 이시로다"라며 우리가 믿는 하나님이 바로 위로의 하나님이심을 밝히고 있습니다. 그리고 이사야 40장 1절에서는 위로의 하나님께서 "너희의 하나님이 이르시되 너희는 위로하라 내 백성을 위로하라"라고 말씀하십니다. 우리의 삶은 생명 살리는 복음적 위로의 삶이 되어야 합니다. 바나바처럼 누군가를 위로해 줄 수 있는 사람, 누군가를 격려하며 세워줄 수 있는 사람, 그리고 공동체의 필요를 채울 수 있는 사람이 되어야 하는 것입니다. 이를 깨닫고 모든 독자 여러분이 위로가 필요한 이 시대에 영적 바나바가 되시기를 예수 그리스도의 이름으로 축복합니다.

# 15

## 편견 아웃!

¹ 가이사랴에 고넬료라 하는 사람이 있으니 이달리야 부대라 하는 군대의 백부장이라 ² 그가 경건하여 온 집안과 더불어 하나님을 경외하며 백성을 많이 구제하고 하나님께 항상 기도하더니 ³ 하루는 제 구 시쯤 되어 환상 중에 밝히 보매 하나님의 사자가 들어와 이르되 고넬료야 하니 ⁴ 고넬료가 주목하여 보고 두려워 이르되 주여 무슨 일이니이까 천사가 이르되 네 기도와 구제가 하나님 앞에 상달되어 기억하신 바가 되었으니 ⁵ 네가 지금 사람들을 욥바에 보내어 베드로라 하는 시몬을 청하라 ⁶ 그는 무두장이 시몬의 집에 유숙하니 그 집은 해변에 있다 하더라 ⁷ 마침 말하던 천사가 떠나매 고넬료가 집안 하인 둘과 부하 가운데 경건한 사람 하나를 불러 ⁸ 이 일을 다 이르고 욥바로 보내니라 _사도행전 10:1~8

Acts

# 편견에서 자유로운 삶

 사도행전 10장의 말씀은 사도행전의 구조상 아주 중요한 의미를 담고 있습니다. 신학자들은 사도행전의 3대 사건을 꼽으라고 하면 오순절 마가다락방에 성령이 강림한 사건, 핍박자 사울이 꺾인 다메섹 회심 사건, 그리고 사도행전 10장에 나온 다음의 사건을 언급합니다. 베드로가 선포한 십자가 대속과 부활의 복음, 오직 예수 그리스도를 통해서만 죄 사함을 받고 영원한 생명을 얻는다는 유일성의 복음을 고넬료와 그 가족, 함께 있던 이방인들이 듣게 되었는데, 성령이 말씀을 듣는 모든 사람들에게 임했습니다. 그리고 이들도 방언을 하는 사건이 일어났습니다. 마치 사도행전 2장의 오순절 성령 강림과 동일한 역사가 일어난 것입니다. 그래서 '이방인의 오순절'이라고 말합니다.

 특히 이 세 사건은 크게 두 가지 중요한 영적 시사점을 우리에게 전해 줍니다. 첫째는 이방인 복음화를 향한 본격적인 문이 열렸다는 것입니다. 이방 선교의 획기적인 시작이 하나님의 주권적인 섭리와 간섭으로 이루어졌습니다. 그 시간표가 본격화되었음을 보여주는 것이 로마군대 백부장이었던 고넬료와 그 가족, 함께 있던 이방인들의 집단 회심 사건입니다. 그리고 또한 가지는 이방인 복음화의 결정적 걸림돌이었던 편견을 깨는 시간표였습니다. 오순절 마가다락방에 임한 성령 강림은 어떤 인간의 힘이 아니라 성삼위 하나님께서 친히 사도행전 1장 8절의 언약을 성취시켜 나가신다는 의미가 담겨 있습니다. 당시 멸시와 천대의 지역이었던 갈릴리 출신 어부들이 각 나라말로 방언하는 것을 본 예루살렘 유대인들, 종교지도자들의 편견을 깨는 시간표였습니다.

무엇보다 성령 충만을 받은 사도를 비롯한 120명 제자들의 편견도 깨지는 시간표였습니다. 하나님 나라의 일은 자기들의 힘과 능력으로 하는 것이 아니라 성령의 충만함을 입으면 된다는 것이었습니다. 핍박자 사울이 깨어졌던 다메섹 회심 사건도 마찬가지입니다. 그토록 예수 믿는 자를 잡아 죽이기 위해 혈안이 되었던 사울, 그것이 하나님의 절대 계획이라고 붙잡았던 사울의 편견이 깨어지는 시간표였습니다. 그리고 이번 챕터에서 살펴볼 사도행전 10장의 사건은 이방인 속에 구원 얻기로 작정된 영혼들이 얼마든지 있다는 새로운 시각을 가지게 하는 시간표였습니다. 당시 유대인들은 이방인을 메시아와 관계없는, 언약의 울타리 밖에 있는 사람으로 여겼을 만큼 영적인 편견으로 가득 차 있었습니다. 사도행전 1장 8절의 언약을 들었던 제자들도 전부 다 유대인이었고, 이 편견에서 자유롭지 못해서 선뜻 나서지를 못했던 것입니다.

편견은 공정하지 못하고 한쪽으로 치우친 생각이라는 뜻을 가지고 있습니다. 자기 것, 자기 생각만 말하고 상대방과 전혀 소통이 되지 않는 한 마디로 창세기 3장의 자기중심적 삶입니다. 무엇보다 편견을 가지는 순간 영적인 눈이 어두워지고, 들을 귀가 닫히게 되어 영적으로 꽉 막힌 삶을 살 수밖에 없는 것입니다. 우리는 이 편견을 완전히 아웃시켜 버리는 삶을 살아야 합니다. 편견에서 완전 자유로울 때 영적 성장과 영적 영향력을 입혀 나갈 수 있다는 사실을 알아야 할 것입니다.

# 선교적 시각

가이사랴에 고넬료라 하는 사람이 있으니 이달리야 부대라 하는 군대의 백부장이라 _사도행전 10:1

가이사랴는 당시 로마 총독부가 있었던 유대의 행정 중심지였습니다. 가이사랴는 헤롯 대왕이 로마 황제를 위하여 지은 도시였습니다. 그래서 이름도 로마 황제를 뜻하는 가이사랴로 지었습니다. 이곳에는 로마 총독의 관저가 있었고, 자연스럽게 로마 총독을 호위하는 군대인 이달리야 부대가 있었습니다. 이달리야 부대는 600명 정도로 구성되었고, 6명의 백부장이 있었으며, 천부장이 총지휘관이었습니다. 고넬료는 6명의 백부장 중 한 명이었습니다. 숫자는 적지만 이달리야 부대는 총독을 호위하는 핵심 부대였기에 고넬료는 장래가 촉망되는 로마의 엘리트 장교였습니다. 그런데 이런 고넬료가 독특하게 하나님을 믿었다는 것인데, 그것도 온 집안이 하나님을 경외한 것입니다.

그가 경건하여 온 집안과 더불어 하나님을 경외하며 백성을 많이 구제하고 하나님께
항상 기도하더니 _사도행전 10:2

고넬료의 모습은 당시 식민지 유대를 다스리는 로마 군인들의 모습과는 완전히 달랐습니다. 권세를 사용해서 식민지 백성들을 억압했던 것이 아니라 오히려 그들을 도왔고, 항상 하나님께 기도했을 정도로 영적으로, 생활적으로 모델적 삶을 살았습니다. 어떻게 보면 다른 로마 군인들의 비난과 조롱을 받거나 따돌림을 받을 수도 있었지만 고넬료는 전혀 아랑곳하지 않고

하나님을 경외하였습니다.

그런데 안타까운 것은 고넬료가 유대교식 종교생활을 했다는 것입니다. 어떻게 보면 아직 구약 시대에 머물러 있는 그런 상황이었지만, 이제는 더 이상 율법의 시대가 아니었습니다. 율법의 시대가 예수 그리스도의 피로 마감되고 누구든지 예수를 믿으면 구원을 받게 된다는 은혜의 시대로 바뀐 것이었습니다. 유대인이나 이방인이나 누구에게든지 구원의 문이 활짝 열렸습니다. 율법의 제사 행위로 구원받는 것이 아니라, 예수 그리스도를 믿음으로만 구원을 얻게 된 것이 하나님의 방법이었습니다.

그래서 하나님께서 그 중심을 보시고 고넬료가 정시기도 하는 시간에 천사를 보내셔서 욥바에 있던 베드로를 청하라고 지시를 하십니다. 욥바는 가이사랴 남쪽 50km 정도에 위치하고 있는 도시입니다. 욥바하면 선지자 요나가 떠오릅니다. 하나님께서 니느웨에 복음을 전하라고 했을 때 다시스로 도망을 갔는데, 그때 배를 탄 항구가 욥바입니다. 당시 베드로는 욥바의 무두장이 시몬의 집에 머물면서 전도를 하고 있었습니다.

고넬료는 천사가 지시한 대로 즉시로 순종하여 욥바로 사람을 보냈습니다. 하나님께 쓰임 받는 사람의 모습은 이처럼 '즉시로'입니다. 고넬료는 자기의 편견에 사로잡혀 있지 않았습니다. 유대인인 베드로가 이방인인 자기의 말을 듣고 과연 올 것인지 의심도 하지 않았습니다. 이렇게 즉시로의 삶에 하나님의 응답이 임하게 되는 것입니다.

이어지는 사도행전 10장 9절 이후에 보면, 하나님께서 욥바에 있던 베드로에게도 환상을 보여주셔서 준비하게 하심을 볼 수 있습니다. 그 내용을 보면 하늘이 열리며 한 그릇이 내려오는데, 그 안에 레위기 11장과 신명기 14장에 나오는 각종 부정한 짐승들이 담겨 있었습니다. 그리고 율법으로 금한 그 짐승들을 잡아먹으라는 음성이 들렸고, 베드로는 부정한 음식을 결코 먹지 않겠다고 했습니다. 그러자 또 음성이 들렸는데, "하나님께서 깨끗하게 하신 것을 네가 속되다 하지 말라"는 것이었습니다. 이런 일이 세 번 있은 후 그 그릇이 하늘로 올려져 간 환상을 본 것입니다. 이 환상이 주는 의미는 당시 유대인들이 부정하다고 여긴 이방인들에 대한 모든 편견을 내버리라는, 아웃시키라는 메시지가 담겨 있습니다. 이것을 위해 예수님이 이 땅에 그리스도로 오셔서 그 막힌 담을 다 무너뜨리셨습니다. 이것이 바로 예수 그리스도의 십자가와 부활 사건입니다. 한 마디로 생명 살리는 선교적 시각에서 바라보라는 것입니다.

환상을 보았을 당시 베드로는 여전히 유대교적인 편견 가운데 있었습니다. 그래서 그 환상이 무슨 의미인지 생각하고 있는 가운데 고넬료가 보낸 사람들이 도착했고, 사도행전 10장 20절에 보면 베드로는 성령의 음성을 듣게 됩니다. "일어나 내려가 의심하지 말고 함께 가라 내가 그들을 보내었느니라" 성령의 음성을 듣는 순간 베드로는 자신이 가지고 있던 편견을 내려놓았습니다. 그리고 그들과 함께 가서 이방인 고넬료를 만났고, 이 만남이 세계 선교의 문을 연 것입니다.

많은 사람들이 편견을 가지고 이전투구하고 있습니다. 사탄 마귀가 사용하는 중요한 공격 무기가 이간질이라면 그 이간질의 바탕에는 편견이 도사리고 있는 것입니다. 우리가 편견을 내려놓는 순간 그것이 문제 해결의 실마리가 되는 것입니다. 영적인 삶도 마찬가지로 편견을 내려놓고 살리는 시각을 가지는 순간 237나라 5천 종족 복음화가 우리 앞에 다가오게 됩니다.

# 함께의 시각

이튿날 가이사랴에 들어가니 고넬료가 그의 친척과 가까운 친구들을 모아 기다리더니 마침 베드로가 들어올 때에 고넬료가 맞아 발 앞에 엎드리어 절하니 _사도행전 10:24~25

베드로는 고넬료가 보낸 사람들과 함께 고넬료의 집에 도착하는데, 베드로를 맞이하는 고넬료의 자세가 놀라움 그 자체였습니다. 일단 로마의 속국 백성이었던 베드로에게 로마 군대의 백부장이 발 앞에 엎드려 절한다는 것 자체가 상상을 초월할 일이었습니다. 그런데 이런 외적인 모습과 비교할 수 없는 영적인 모습이 고넬료에게 있었습니다. 그것은 바로 고넬료가 그의 친척과 가까운 친구들을 모아 기다렸다는 것입니다. 사도행전 10장 2절에 고넬료를 소개할 때도 보면 그가 경건하여 온 집안과 더불어 하나님을 경외했다고 밝히고 있습니다. 고넬료는 결코 혼자서 복음을 받지 않았습니다. 자기 가족과 친척과 자기가 알고 있는 모두가 놀라운 복음을 받기 원했고, 베드로가 올 것을 확신하고 그들을 전부 다 집에 모아놓고 기다렸던 것입니다.

사실 신앙은 하나님과의 일대일관계 속에서 시작합니다. 그런데 하나님은 우리가 그 자리에만 머무르는 것을 절대 원하지 않으십니다. 고넬료처럼 함께의 시각을 가지고 모두를 살리는 자리로 나아가야 합니다. 예수 그리스도를 통한 구원이 정말 나의 운명을 바꿨다면 그 구원이 나에게서만 일어나는 것으로는 결코 만족할 수 없어야 합니다. 우리는 함께 기도하고, 함께 응답받고, 함께 언약적 도전을 해 나가야 합니다.

고넬료와 베드로는 서로에게 일어났던 상황을 소통하면서 이 모든 것이 하나님의 특별한 계획임을 깨닫게 되었습니다. 사도행전 10장 34~35절에 보면 베드로가 이렇게 고백합니다. "베드로가 입을 열어 말하되 내가 참으로 하나님은 사람의 외모를 보지 아니하시고 각 나라 중 하나님을 경외하며 의를 행하는 사람은 다 받으시는 줄 깨달았도다" 베드로의 편견이 완전히 깨지는 시간이었습니다. 이방인 구원을 향한 하나님의 특별한 시간표를 발견한 것입니다. 그래서 베드로는 즉시로 예수 그리스도로 말미암아 주어진 화평의 복음을 고넬료와 그와 함께한 이방인들에게 전한 것입니다. 이때 놀라운 현장 변화의 역사가 일어납니다.

베드로가 이 말을 할 때에 성령이 말씀 듣는 모든 사람에게 내려오시니 베드로와 함께 온 할례 받은 신자들이 이방인들에게도 성령 부어 주심으로 말미암아 놀라니 이는 방언을 말하며 하나님 높임을 들음이러라 _사도행전 10:44~46

사도행전 2장이 유대인에게 임한 오순절 성령 강림이라면, 앞의 성경 말씀은 이방인에게 임한 성령 강림이었습니다. 마가 다락방에 성령이 임하셨듯이 이방인 고넬료의 가정에도 동일하게 임하신 것입니다. 예수 그리스도의 정확한 복음을 듣고 이들이 받아들일 때 성령이 충만해졌고, 그 증거로 방언을 말하며 하나님께 영광을 올려드렸습니다. 그래서 이것을 '이방인의 오순절'이라고 부르는 것입니다.

사도행전 10장 47~48절에 보면 베드로가 성령 받은 이들에게 세례를 베풀었고, 이들은 베드로에게 며칠 더 머물기를 청했습니다. 그 기간 동안 베드로가 얼마나 복음으로 이들을 팀사역을 했겠습니까? 확실하게 답을 준 것입니다. 우리가 로마서 16장의 인물들을 보면 거기에는 로마 황실과 연결된 사람들이 여러 명 등장합니다. 이들은 사도 바울이 로마에 가기 전부터 예수를 믿었던 사람이었습니다. 성경학자들은 이들의 회심에 고넬료가 있었다고 봅니다. 유대에서의 군 생활을 마치고 로마로 돌아간 고넬료가 현장의 전도자로 섰다는 것입니다. 그를 통해 로마의 핵심부에까지 복음이 전파된 것입니다.

하나님께서 로마 복음화를 위해 준비한 사람은 사도 바울만이 아니었습니다. 고넬료도 그 한 사람이었습니다. 하나님께서 이 시대의 237나라 5천 종족 복음화를 위해 준비한 그 한 사람이 바로 여러분입니다. 이런 분명한 확신을 가지고 언약적 도전을 해 나가야 할 것입니다.

사도행전 10장의 말씀 중에 여러분이 가장 가슴속 깊이 새겨 두어야 할 말씀이 있습니다. 바로 15절 말씀입니다. "하나님께서 깨끗하게 하신 것을 네가 속되다 하지 말라" 이 말씀 속에는 놀라운 선교 메시지가 담겨 있습니다. 누구는 되고, 누구는 안 된다는 편견을 버리라는 것입니다. 우리가 만나는 모두가 구원 받아야 할 대상입니다. 그래서 복음은 땅끝까지 가야 한다는 것입니다. 독자 여러분이 베드로와 같이 모든 편견을 내려놓고 화평의 복음 전도자로 서게 되시기를 예수 그리스도의 이름으로 축복합니다.

# 그리스도인다운 그리스도인!

¹⁹ 그 때에 스데반의 일로 일어난 환난으로 말미암아 흩어진 자들이 베니게와 구브로와 안디옥까지 이르러 유대인에게만 말씀을 전하는데 ²⁰ 그 중에 구브로와 구레네 몇 사람이 안디옥에 이르러 헬라인에게도 말하여 주 예수를 전파하니 ²¹ 주의 손이 그들과 함께 하시매 수많은 사람들이 믿고 주께 돌아오더라 ²² 예루살렘 교회가 이 사람들의 소문을 듣고 바나바를 안디옥까지 보내니 ²³ 그가 이르러 하나님의 은혜를 보고 기뻐하여 모든 사람에게 굳건한 마음으로 주와 함께 머물러 있으라 권하니 ²⁴ 바나바는 착한 사람이요 성령과 믿음이 충만한 사람이라 이에 큰 무리가 주께 더하여지더라 ²⁵ 바나바가 사울을 찾으러 다소에 가서 ²⁶ 만나매 안디옥에 데리고 와서 둘이 교회에 일 년간 모여 있어 큰 무리를 가르쳤고 제자들이 안디옥에서 비로소 그리스도인이라 일컬음을 받게 되었더라 _사도행전 11:19~26

# 선교 언약

이번에 살펴볼 내용은 선교적 교회인 안디옥교회가 세워지는 말씀입니다. 하나님께서 안디옥교회를 플랫폼으로 세우셔서 이방 선교를 본격화해 나가신 것입니다. 사도행전 13장에 보면 기독교 역사상 처음으로 바울과 바나바를 이방 선교사로 파송한 교회가 안디옥교회였습니다. 예수님께서 부활 승천하시면서 남기신 선교 언약을 사실적으로 실현한 교회였던 것입니다. 선교는 예수님께서 우리에게 남겨주신 천명, 소명, 사명입니다. 이 선교 언약을 삶의 현장에서 실현할 때 우리는 그리스도인다운 그리스도인으로 서게 되어 있습니다.

사도행전 11장에서 살펴볼 안디옥교회 제자들은 역사상 처음으로 그리스도인이라 일컬음을 받았습니다. 그리스도인은 헬라어로 '크리스티아노스'라고 하는데, '그리스도에게 속한 사람', '그리스도를 위해 사는 사람', '그리스도를 닮은 사람'이라는 의미를 담고 있습니다. 지금 우리가 일반적으로 사용하는 크리스천이 바로 그리스도인입니다.

지금 시대 그리스도인, 크리스천이라고 하면 그 의미가 많이 퇴색되어, 그냥 교회에 다니는 사람 정도로 인식합니다. 기독교 배경의 나라에서 태어나면 예수 그리스도와의 진정한 만남이 없어도 자신을 크리스천이라고 말하는 것을 자연스럽게 생각합니다. 그런데 안디옥교회 제자들이 들었던 그리스도인이라는 별칭은 이런 것과는 차원이 달랐습니다. 이들이 그리스도인이라고 불릴 정도가 되었다는 것은 한 마디로 예수에 미쳤기 때문입니다. 예수에 미치지 않으면 들을 수 없었던 명칭이 바로 그리스도인이었습니다.

지금은 이런 의미가 많이 변질되었습니다. 하지만 우리는 그 처음의 의미처럼 '그리스도인다운 그리스도인'이 되어야 할 것입니다.

## 선교 마인드

사도행전 8장 1절에 보면 스데반 순교로 인해 예루살렘에 본격적인 박해가 임하자, 사도를 제외한 모든 사람들이 각처로 흩어지게 되었습니다. 사실 흩어질 시간표가 되었는데, 안주하고 있으면 하나님께서 강권적으로 흩으심을 볼 수 있습니다. 앞의 성경 말씀을 보면, 이렇게 흩어진 자들이 베니게와 구브로와 안디옥까지 이르러 복음을 전하게 되었습니다.

성경에 중요하게 언급된 안디옥은 비시디아 안디옥과 수리아의 안디옥입니다. 비시디아 안디옥은 사도행전 13장에 나오는 지역으로 바울과 바나바가 구브로에 이어 비시디아 안디옥에서 선교를 했었습니다. 그런데 앞의 성경 말씀에 나오는 안디옥은 수리아의 안디옥입니다. 수리아는 시리아를 말하는데, 예루살렘 북쪽으로 약 480km 정도 떨어진 곳에 위치하고 있습니다. 안디옥은 당시 인구가 50만 명이나 되었을 정도로 로마제국에서 로마, 알렉산드리아에 이어 세 번째로 큰 도시였습니다.

사도행전 11장 19~20절에 보면 흩어진 자들이 안디옥에 와서 한 행동이 독특했습니다. "유대인에게만 말씀을 전하는데"라고 되어 있습니다. 사도행전 10장에서 우리가 살펴본 것처럼 베드로가 자신이 가지고 있던 율법적 편견, 고정관념을 내려놓고 이방인이었던 고넬료에게 최초로 복음을 증거했고, 그 현장에 이방인의 오순절 역사가 일어났습니다. 이 놀라운 성령의 역사, 이방인들도 하나님의 말씀을 받았다는 소식이 예루살렘에 있던 사도들과 형제들에게 전해졌습니다. 그런데 안타깝게도 예루살렘으로 돌아온 베드로를 향해 비난하는 사람들이 있었습니다. 사도행전 11장 2절을 보면 그들을 할례자들이라고 표현하고 있는데, 유대교의 골수분자 출신들이었습니다. 그리고 사도행전 6장 7절에 보면 허다한 제사장의 무리가 돌아왔는데, 이들이 바리새인들이었습니다.

예수 그리스도의 복음을 접했음에도 불구하고 여전히 율법의 옛 틀을 깨지 못하고 할례받은 사람만이 하나님의 백성이라는 생각에서 벗어나지 못하고 있었던 이들이 비난했던 것입니다. 베드로는 이들에게 현장 상황을 자세히 설명해 주었고, 이들은 하나님의 산 역사에 대해 수긍했지만, 이들의 수긍은 일시적이었습니다. 이런 할례파들은 옛 틀에서 벗어나지 못했고, 나중에 바울이 세운 이방교회에까지 와서 계속해서 할례 논쟁을 일으키며 복음을 희석시켰습니다. 사도행전 11장 19절을 보면, 안디옥으로 흩어진 자들도 유대인에게만 말씀을 전했다고 나와 있습니다. 사탄이 현장에 얼마나 견고한 망대를 세워놓고 옛 틀에 사로잡혀 있게 하는지 볼 수 있어야 합니다. 그런데 다음 20절에 보면, 흩어진 자들 중 사도행전 1장 8절의 선교 마인드를 가졌던 일부가 이방인들에게도 주 예수를 전파했습니다. 현장에 나타난 증거는 놀라웠습니다.

주의 손이 그들과 함께 하시매 수많은 사람들이 믿고 주께 돌아오더라 _사도행전 11:21

선교 마인드를 가지고 '예수가 그리스도, 인생 모든 문제 해결자 되신다'는 참 복음을 선포하니 주의 손이 함께하는 성령의 역사가 현장에 일어났고, 수많은 이방인들이 믿고 주께 돌아오면서 안디옥교회가 탄생한 것입니다.

안디옥교회는 어느 특정한 한 사람이 세운 것이 아니었습니다. 이런 선교 마인드를 가진 자들과 무명의 이방인들이 함께 일어섰기 때문에 세워진 것입니다. 이들이 후에 최초로 그리스도인이라 불릴 수 있었던 것도 결국 선교 마인드를 가진 것에서부터 출발합니다. 우리가 정말 모든 편견을 내려놓아야 합니다. 과연 무슬림들이 복음을 받을까? 힌두교를 믿는 사람들이 돌아올까? 저 사람에게 괜히 복음을 이야기했다가 관계가 악화되면 어떻게 하지? 이런 것들은 전부 다 사탄이 세운 망대입니다. 그런 생각들을 완전히 깨야 합니다.

우리가 놓치지 말아야 할 것은 모든 사람이 복음 받을 대상이라는 것입니다. 디모데전서 2장 4절에 보면 사도 바울이 이렇게 강조합니다. "하나님은 모든 사람이 구원을 받으며 진리를 아는 데에 이르기를 원하시느니라" 신앙생활은 하나님이 원하시는 것을 실행하는 것이라는 사실을 분명히 깨달아야 할 것입니다.

## 훈련된 제자

예루살렘 교회가 이 사람들의 소문을 듣고 바나바를 안디옥까지 보내니 그가 이르러 하나님의 은혜를 보고 기뻐하여 모든 사람에게 굳건한 마음으로 주와 함께 머물러 있으라 권하니 바나바는 착한 사람이요 성령과 믿음이 충만한 사람이라 이에 큰 무리가 주께 더하여지더라 _사도행전 11:22~24

안디옥에서 수많은 이방인이 주께 돌아오자 예루살렘 교회가 이들을 영적으로 세울 수 있도록 바나바를 파송합니다. 바나바는 현장에 임한 하나님의 놀라운 은혜를 보고 감격했고, 안디옥교회 성도들을 복음 위에 굳건하게 세워갔습니다. 그런데 바나바가 혼자서 감당하기 힘들 정도로 계속해서 부흥의 열매가 맺혀지자 떠올린 인물이 바로 바울이었습니다. 바울은 당시 그의 고향이었던 다소에 있었습니다. 사도행전 9장에 보면 예루살렘에 갔었던 바울을 유대 결사대가 죽이려고 했고, 사도들이 바울을 다소로 피신시켰던 것입니다.

바나바가 사울을 찾으러 다소에 가서 만나매 안디옥에 데리고 와서 둘이 교회에 일 년간 모여 있어 큰 무리를 가르쳤고 제자들이 안디옥에서 비로소 그리스도인이라 일컬음을 받게 되었더라 _사도행전 11:25~26

우리가 주목해 보아야 할 것이 안디옥교회 제자들이 그리스도인으로 불리게 된 것은 바울과 바나바를 통해 일 년간 가르침을 본격적으로 받고 난 이후였습니다. 이 두 사람이 무엇을 가르쳤겠습니까? 하나님의 말씀이었습니다. 다소에 머물러 있었던 사도 바울이 무엇을 했겠습니까? 그가 배웠던 구약의 말씀을 전부 다 그리스도의 관점에서 접근해 보았을 것입니다.
바울은 당대 최고 가말리엘 문하에서 율법을 배웠습니다. 그의 방대한 구약 지식을 복음으로 조명하니까 성경 해석의 신세계가 열린 것입니다. 예수가 그리스도 되신다는 하나님 말씀의 본질적 의미를 발견하면서 3오직의 복음을 깨달은 것입니다. 갈보리산, 감람산, 마가다락방의 언약을 보는 눈이 열린 것입니다. 그러니 얼마나 할 말이 많았겠습니까? 안디옥교회에서 일 년 동안 집중 말씀 훈련이 진행되면서, 정말 꿀과 송이꿀보다 더 달다는 말씀의 맛을 이들이 보게 되었습니다.

그리고 바울이 말씀을 전하고 가르치면 바나바는 위로의 사역을 했을 것입니다. 말씀으로 굳건히 세워가는 사역과 숨은 상처를 치유하는 위로 사역이 서로 시너지효과를 발휘해서 이들의 삶은 나날이 변해갔습니다. 불신자들이 바라볼 때 그리스도인이라고 부를 만큼 예수님을 닮아가는 삶으로 성장한 것입니다. 제자는 훈련된 사람, 말씀을 따라가는 사람을 말합니다. 제자의 의미도 따라가는 사람입니다. 한마디로 말씀의 본질이신 예수 그리스도만을 따라가는 사람입니다.

신앙생활의 플랫폼은 하나님의 말씀입니다. 하나님이 어떻게 말씀하셨는지를 제대로 알아야 올바른 신앙생활을 할 수 있기 때문입니다. 그래서 하나님의 자녀가 된 우리가 인생의 최우선 순위로 삼아야 할 것이 바로 예배입니다. 예배는 구원받은 하나님의 자녀만 드릴 수 있는 것입니다. 예수 그리스도의 십자가 대속을 통해 하나님과 범죄한 인간 사이에 막혔던 담이 무너졌습니다. 그래서 예수 그리스도를 의지하여 하나님 앞에 나아가는 것이 예배입니다. 그리고 예배 시간에 선포되는 하나님의 말씀이 내 안에 망대로 굳게 세워질 때 성장이 일어나고 영향력을 입혀 나가게 되는 것입니다. 예배를 통해 하나님의 말씀으로 완전 무장하시기 바랍니다. 모든 독자 여러분이 강단과 24시간 소통하며 현장에 생명적 역동을 일으키게 되시기를 예수 그리스도의 이름으로 축복합니다.

# 17

# 이방의 빛!

⁴² 그들이 나갈새 사람들이 청하되 다음 안식일에도 이 말씀을 하라 하더라 ⁴³ 회당의 모임이 끝난 후에 유대인과 유대교에 입교한 경건한 사람들이 많이 바울과 바나바를 따르니 두 사도가 더불어 말하고 항상 하나님의 은혜 가운데 있으라 권하니라 ⁴⁴ 그 다음 안식일에는 온 시민이 거의 다 하나님의 말씀을 듣고자 하여 모이니 ⁴⁵ 유대인들이 그 무리를 보고 시기가 가득하여 바울이 말한 것을 반박하고 비방하거늘 ⁴⁶ 바울과 바나바가 담대히 말하여 이르되 하나님의 말씀을 마땅히 먼저 너희에게 전할 것이로되 너희가 그것을 버리고 영생을 얻기에 합당하지 않은 자로 자처하기로 우리가 이방인에게로 향하노라 ⁴⁷ 주께서 이같이 우리에게 명하시되 내가 너를 이방의 빛으로 삼아 너로 땅 끝까지 구원하게 하리라 하셨느니라 하니 ⁴⁸ 이방인들이 듣고 기뻐하여 하나님의 말씀을 찬송하며 영생을 주시기로 작정된 자는 다 믿더라 ⁴⁹ 주의 말씀이 그 지방에 두루 퍼지니라 ⁵⁰ 이에 유대인들이 경건한 귀부인들과 그 시내 유력자들을 선동하여 바울과 바나바를 박해하게 하여 그 지역에서 쫓아내니 ⁵¹ 두 사람이 그들을 향하여 발의 티끌을 떨어버리고 이고니온으로 가거늘 ⁵² 제자들은 기쁨과 성령이 충만하니라 _사도행전 13:42~52

# 우리의 선교적 정체성

이번에 우리가 살펴볼 사도행전 13장의 말씀은 안디옥교회가 역사상 처음으로 바울과 바나바를 선교사로 파송하는 장면으로 시작됩니다. 사도행전 13장부터 본격적인 사도 바울의 선교 여정이 펼쳐지는데, 첫 선교지는 바나바의 고향이었던 구브로였습니다. 바울은 점술로 사탄의 망대가 견고하게 세워졌던 그 현장에서 영적 싸움을 싸웠습니다. 성령으로 충만해진 바울을 통해 사탄의 망대는 무너졌고 그리스도의 망대가 세워지는 응답의 현장이었습니다. 이후 바울팀이 비시디아 안디옥으로 가서 복음을 증거한 내용이 사도행전 13장의 배경입니다.

특히 이 부분이 선교사적 의미를 가지는 것은 첫 선교사 파송뿐만 아니라 본격적인 이방인 선교로 영적 전환이 이루어지는 시간표였기 때문입니다. 사도행전 13장 47절의 "내가 너를 이방의 빛으로 삼아 너로 땅 끝까지 구원하게 하리라"라는 이 말씀은 이사야 49장 6절 말씀을 인용한 것입니다. 구원받은 하나님의 자녀가 선교적 삶을 살아야 한다는 당연성, 필연성, 절대성을 보여주고 있습니다. 하나님께서는 구원받은 우리를 이방의 빛으로 삼으셔서 237나라를 살리시겠다는 것입니다. 우리가 가지고 있어야 할 선교적 정체성이 바로 이방의 빛입니다. 무엇보다 지금 시간표는 일어나 빛을 발해야 할 시간표라는 사실을 우리가 분명히 깨달아야 할 것입니다.

# 나의 메시지 확립 ✏

> 바울과 및 동행하는 사람들이 바보에서 배 타고 밤빌리아에 있는 버가에 이르니 요한은
> 그들에게서 떠나 예루살렘으로 돌아가고 그들은 버가에서 더 나아가 비시디아 안디옥에 이르러
> 안식일에 회당에 들어가 앉으니라 _사도행전 13:13~14

 사도 바울의 선교 전략 중 하나가 유대인 집결지였던 회당을 먼저 파고 들어가 복음을 선포하는 회당 전략이었습니다. 그런데 앞의 성경 말씀을 보면 한 가지 돌발 상황이 발생합니다. 바로 요한이 바울과 바나바를 떠나 예루살렘으로 돌아간 것입니다. 여기서 요한은 향후 바나바와 바울이 갈라서게 되는 원인 제공을 한 마가 요한을 말합니다. 사실 선교 캠프를 그렇게 오래 한 것도 아니었는데, 마가는 예루살렘으로 돌아갔습니다. 여기서 우리가 한 가지 붙잡아야 할 것이 훈련받지 않으면 지속할 수가 없다는 것입니다. 훈련된 제자가 바로 그리스도인다운 그리스도인이기 때문입니다.

 이어지는 내용을 보면 사도 바울이 비시디아 안디옥 회당에서 복음을 증거합니다. 일명 '바울의 설교'로 바울이 선포한 첫 번째 설교가 나와 있습니다. 여기에서 바울은 이스라엘 백성의 출애굽 사건, 광야 생활, 사사시대, 왕정시대를 요약해서 설명하고 있습니다. 바울은 메시지 중에 특별히 다윗왕을 강조합니다. 그 이유는 다윗왕의 혈통을 통해 메시아가 오셨기 때문이었습니다. 바울은 그 메시아가 바로 예수 그리스도라는 사실을 증거한 것입니다.

 바울이 무엇보다 강조한 것은 예수 그리스도는 십자가에 못 박혀 죽으셨지만, 다윗처럼 무덤에 묻혀 썩지 않고 부활하여 다시 살아나셨고, 이분을

믿을 때 죄 사함을 얻고 의롭다함을 받게 된다는 것이었습니다. 인간의 어떤 행위나 노력이 아니라 오직 믿음으로 의롭다함을 얻는 것이 복음 중의 복음임을 선포하였습니다. 특히 바울의 메시지는 언제나 예수 그리스도에 초점이 맞추어져 있습니다. 메시지를 듣는 대상과 형편에 맞게 전도하는 방법이 다르고 표현하는 방법과 접근하는 방법이 다르더라도 그 핵심은 오직 예수 그리스도였습니다.  우리가 이방의 빛으로, 그리스도인다운 그리스도인으로 영적 영향력을 입히기 위해서는 사도 바울처럼 그리스도 중심으로 나의 메시지가 확립되어 있어야 합니다. 안디옥교회 제자들도 말씀의 망대가 세워진 이후에 그리스도인이라 일컬음을 받게 된 것입니다. 말씀의 망대를 견고히 세우고 그리스도 중심으로 나의 메시지를 확립하는 것이 무엇보다 중요하다는 것을 반드시 깨달아야 합니다.

## 현장의 망대 구축

그들이 나갈새 사람들이 청하되 다음 안식일에도 이 말씀을 하라 하더라 회당의 모임이 끝난 후에 유대인과 유대교에 입교한 경건한 사람들이 많이 바울과 바나바를 따르니 두 사도가 더불어 말하고 항상 하나님의 은혜 가운데 있으라 권하니라 _사도행전 13:42~43

바울과 바나바가 비시디아 안디옥의 회당에서 복음을 증거했을 때 두 가지 반응이 나왔습니다. 앞의 성경 말씀처럼 그 하나님의 말씀을 더 듣기 원하는 사람들, 쉽게 설명하면 은혜받은 사람들이 있었습니다. 그런데 이와는 달리 사도행전 13장 45절에 보면 그 복음을 거부하고 반박하고 비방하는 사람들이 있었습니다. 사도 바울의 설교를 듣고 은혜받은 사람들을 통해 그다음 안식일에 비시디아 안디옥의 온 시민이 거의 다 하나님의 말씀을 듣고자 모였습니다. 이것을 본 일부 유대교 지도자들이 시기가 가득하여 바울이 선포한 메시지를 반박하고 비방한 것입니다. 이때 바울과 바나바가 담대하게 선포합니다.

바울과 바나바가 담대히 말하여 이르되 하나님의 말씀을 마땅히 먼저 너희에게 전할 것이로되 너희가 그것을 버리고 영생을 얻기에 합당하지 않은 자로 자처하기로 우리가 이방인에게로 향하노라 주께서 이같이 우리에게 명하시되 내가 너를 이방의 빛으로 삼아 너로 땅 끝까지 구원하게 하리라 하셨느니라 하니 이방인들이 듣고 기뻐하여 하나님의 말씀을 찬송하며 영생을 주기로 작정된 자는 다 믿더라 _사도행전 13:46~48

하나님의 복음이 이방인에게로 향하게 된 이유를 설명하고 있습니다. 하나님께서 구속사 성취를 위해 이스라엘을 택하셨는데, 이들은 잘못된 선민의식에 빠져 하나님의 뜻과 계획과는 다르게 행동한 것입니다. 그래서 노예, 포로, 속국이 되고, 600만 명에 이르는 유대인이 학살을 당하고, 유리방황하는 삶을 살았지만, 여전히 대다수가 깨닫지 못하고 있습니다. 앞의 성경 말씀을 보면 유대인들이 이렇게 깨닫지 못하고 복음을 거부한 것이 오히려 이방인들에게는 놀라운 축복으로 다가왔음을 보여주고 있습니다. 복음이 이방인에게로 향하게 되는 계기가 된 것입니다. 복음의 특징은 절대 머물러 있지 않는다는 사실을 우리가 보아야 합니다.

주의 말씀이 그 지방에 두루 퍼지니라 _사도행전 13:49

복음의 특징을 아주 잘 묘사하고 있는 말씀입니다. '두루 퍼지다'는 의미의 헬라어 '디에페레토'는 미완료 과거로서, 복음의 확산이 일시적인 현상이 아니라 지속적으로 일어나는 것을 의미합니다. 복음은 받아들이지 않는다고 해서 멈추는 것이 아닙니다. 흐르는 물처럼 다른 곳으로 계속 흘러가게 되어 있습니다. 그렇다면 복음을 거부하는 쪽이 절대 손해인 것입니다.

 유대인들이 유대교로 개종한 귀부인들과 그 시내 유력자들을 선동해서 바울과 바나바를 쫓아내지만, 그들이 복음 전파를 그만둔 것이 아니었습니다. 계속해서 새로운 현장에 망대를 세워간 것입니다. 핍박이 와도 복음은 더욱 왕성해지고 그 복음을 받은 자들의 삶 속에는 기쁨과 성령이 충만해집니다. 그러므로 우리가 전도와 선교 현장에서 핍박이나 고난이 와도 전혀 위축될 필요가 없습니다. 일단 강단의 말씀이 떨어지면, 그 말씀을 붙잡고 무조건 직진하는 것입니다. 여러분, 현장의 망대를 구축하는 언약적 도전에 집중하시기 바랍니다.

 우리가 자주 쓰는 말 중에 '끝내준다'라는 말이 있습니다. 음식의 맛이 탁월하면 그 맛이 끝내준다고 표현합니다. 어떤 곳의 경치가 뛰어나면 그 경치가 끝내준다고 표현합니다. 그런데 '끝내준다'를 사람에게 적용하면 어떤 분야에서 뛰어나게 잘한다는 의미가 담겨 있습니다. 그리고 자신에게 주어진 사명에 대해서는 그 끝마무리가 확실하다는 의미도 있습니다. 여러분, 복음 전도에 있어서 끝내주는 사람이 되시기를 바랍니다. 하나님이 맡기신 사명은 반드시 끝을 내는 사람이 되어야 합니다. 이를 통해 모든 독자 여러분이 하나님 앞에 최고로 인정받으며 이방의 빛으로 서게 되시기를 예수 그리스도의 이름으로 축복합니다.

# 18

## 바울의 망대 세우는 전략!

<sup>1</sup> 이에 이고니온에서 두 사도가 함께 유대인의 회당에 들어가 말하니 유대와 헬라의 허다한 무리가 믿더라 <sup>2</sup> 그러나 순종하지 아니하는 유대인들이 이방인들의 마음을 선동하여 형제들에게 악감을 품게 하거늘 <sup>3</sup> 두 사도가 오래 있어 주를 힘입어 담대히 말하니 주께서 그들의 손으로 표적과 기사를 행하게 하여 주사 자기 은혜의 말씀을 증언하시니 <sup>4</sup> 그 시내의 무리가 나뉘어 유대인을 따르는 자도 있고 두 사도를 따르는 자도 있는지라 <sup>5</sup> 이방인과 유대인과 그 관리들이 두 사도를 모욕하며 돌로 치려고 달려드니 <sup>6</sup> 그들이 알고 도망하여 루가오니아의 두 성 루스드라와 더베와 그 근방으로 가서 <sup>7</sup> 거기서 복음을 전하니라

_사도행전 14:1~7

Acts

# 담대한 복음 선포

 사도행전 14장 말씀은 사도 바울의 1차 선교 사역의 마지막 여정이 기록되어 있습니다. 바울과 바나바가 비시디아 안디옥을 떠나 이고니온과 루스드라에서 복음을 전하는 내용입니다. 사도 바울의 1차 선교여행이 수리아 안디옥교회에서 시작되어 첫 선교지인 구브로를 거쳐 비시디아 안디옥, 이고니온과 루스드라, 더베까지 갔고, 다시 역으로 거쳐서 수리아의 안디옥으로 돌아오는 여정이었습니다. 이 선교 여정을 통해 우리는 사도 바울이 어떻게 현장에 그리스도의 망대를 구축했는지에 대해 답을 얻을 수 있습니다.

이에 이고니온에서 두 사도가 함께 유대인의 회당에 들어가 말하니 유대와 헬라의 허다한
무리가 믿더라 _사도행전 14:1

 바울과 바나바는 선교지역에 가면 우선적으로 유대인의 회당을 파고 들어갔습니다. 이것은 구원의 복음을 받음에 있어서 유대인들의 우선성을 인정하는 사도적인 전통에서 비롯된 것입니다. 바울은 로마서 1장 16절에 이 사실을 밝히고 있습니다. "내가 복음을 부끄러워하지 아니하노니 이 복음은 모든 믿는 자에게 구원을 주시는 하나님의 능력이 됨이라 먼저는 유대인에게요 그리고 헬라인에게로다" 먼저는 유대인에게 복음을 증거한다는 원칙이 있었던 것입니다. 그런데 좀 더 면밀히 접근해 보면 유대인 회당이 선교에 있어서 정말 중요한 접촉점이었기 때문에 먼저 파고 들어간 것이었습니다. 한 마디로 유대인 회당이 빈 곳인 동시에 황금 어장이었던 것입니다. 유대인은 회당 중심의 삶을 살았고, 회당은 예배와 후대 교육의 플랫폼이

었습니다. 회당에서 열리는 예배는 먼저 하나님께 찬양을 드리고, 신명기 6장 4~9절, 11장 13~21절, 민수기 15장 37~41절로 이루어진 쉐마(들으라)를 낭송합니다. 그리고 '쉬모네 에스레'라는 18개 주제의 기도문을 통해 기도를 드렸습니다. 이어서 구약성경 율법서와 선지서 중에서 각각 한 곳씩을 차례로 낭독하는 순서로 진행됩니다. 그리고 나서 집회에 참석한 사람들 가운데 유명한 사람이나 특별 방문한 손님, 그리고 할 말이 있다고 요청하는 사람 중에 회당장이 적절한 사람을 선택해 말할 기회를 줍니다. 발언할 기회를 얻은 사람은 낭독한 말씀에 대한 해석이나 교훈을 나누거나 자신의 생각을 연설하였습니다.

그러니 구약의 대가라고 할 수 있는 바울이 얼마나 효과적으로 복음을 증거할 수 있었겠습니까? 물 만난 물고기처럼 생명적 역동을 가지고 복음을 전했을 것입니다. 이렇듯 전도와 선교는 접촉점을 활용하는 것이 정말 중요합니다. 바울은 자신이 가지고 있었던 조건을 십분 활용한 것입니다.

우리도 선교 현장에서 이런 접촉점을 활용해야 합니다. 여러분이 가지고 있는 각 나라 선교 접촉점이 있으면 그것을 사실적으로 공유해야 합니다. 해외에 나가 있는 750만 명의 한국인 디아스포라가 중요한 선교 접촉점이 될 수 있습니다. 여러분 가족과 친구, 동료가 다 문이 되며, 사업하는 분들은 각 나라 거래처 산업인들이 접촉점이 될 수 있습니다. 여러분이 선교의 관점에서 환경과 상황, 만남을 바라보면 선교의 접촉점이 보이는 것입니다. 사도행전 14장 1절을 보면 바울이 이고니온 회당에서 복음을 증거하자 유대와 헬라의 허다한 무리가 믿게 되었습니다. 복음에 하나님의 능력이 있기 때문에 복음이 선포되는 곳에는 흑암이 꺾이고 하나님 나라가 확장되는 생명의 역사가 일어나게 되어 있습니다. 그런데 복음이 선포되는 현장에는 또 한 가지의 반응이 일어납니다. 그것은 이어지는 2절에 나온 것처럼 복음을 대적하는 자들이 생긴다는 것입니다. 일부 유대인 대적자들은 자기만 복음을 안 받는 것이 아니라 오히려 사람들을 선동해서 악감을 품게 만들었습니다. 이때 바울과 바나바는 감정대로 대처하지 않았고, 영적인 대처를 했습니다.

두 사도가 오래 있어 주를 힘입어 담대히 말하니 주께서 그들의 손으로 표적과 기사를
행하게 하여 주사 자기 은혜의 말씀을 증언하시니 _사도행전 14:3

 두 사도는 주 예수에 관한 복음을 담대하게 선포했습니다. 복음은 쭈뼛쭈뼛하는 것이 아니라 담대하게 선포하는 것입니다. 전도를 헬라어로 '케리그마'라고 하는데, 여기에 선포의 의미가 담겨 있습니다. 자기에게 위탁된 메시지를 권위 있게 선포하는 것이 바로 전도입니다. 저 사람이 어떤 반응을 보일까는 전혀 고려하지 마시길 바랍니다. 복음 선포 이후에 대해서도 우리는 책임질 부분이 없습니다. 구원 얻기로 작정된 자는 다 믿게 되어 있습니다. 또 하나님의 시간표가 그 타이밍이 아닐 수 있고, 어떤 사람은 구원 얻기로 작정된 자가 아닐 수 있습니다. 중요한 것은 거침없이 담대하게 선포하라는 것입니다.
 사도행전 14장 5~7절을 보면 현장에 나타나는 증거로 인해 유대인 대적자들이 힘을 모아 바울과 바나바를 모욕하며 돌로 치려고 달려들었습니다. 이 사실을 알고 두 사도는 루스드라와 더베로 피신을 합니다. 재미있는 것은 이들이 루스드라와 더베와 그 근방으로 가서 거기서 또 복음을 전했다는 것입니다. 이는 중단 없는 복음 전도입니다. 그런데 사탄의 공격도 얼마

나 끈질기고 집요한지 대적자 유대인들이 안디옥과 이고니온에서 와서 무리를 충동하여 돌로 바울을 친 것입니다.

이들이 볼 때 바울이 죽은 줄 알고 시외로 끌어 내쳤는데, 바울이 다시 일어난 것입니다. 일시적으로 돌에 맞아 기절한 것인데 아마 온몸이 피투성이였을 것입니다. 놀라운 것은 바울이 그 만신창이가 된 몸을 가지고 일어나자마자 도망간 것이 아니라 그 성에 다시 들어갔고 다음 날 더베로 가서 복음을 전하여 많은 사람을 제자로 삼았다는 것입니다. 이처럼 사도 바울은 현장에 그리스도의 망대를 세우는 것에 자신의 생을 걸었습니다. 정말 끝내주는 전도자이자, 생즉명(生卽命)의 모델입니다. 살아있다는 것은 복음 전해야 할 사명이 있다는 것을 확실히 보여준 것입니다.

우리 인생은 다생(多生)이 아니라 한 번밖에 없는 일생(一生)입니다. 한 번밖에 없는 인생, 사도 바울처럼 오직 주를 위하여 다 걸어보고 싶은 마음이 생기지 않습니까? 여러분, 한번 시작하면 끝을 보는 신앙생활을 해 나가시기 바랍니다.

# 확실한 영적 양육

복음을 그 성에서 전하여 많은 사람을 제자로 삼고 루스드라와 이고니온과 안디옥으로 돌아가서
제자들의 마음을 굳게 하여 이 믿음에 머물러 있으라 권하고 또 우리가 하나님의 나라에
들어가려면 많은 환난을 겪어야 할 것이라 하고 각 교회에서 장로들을 택하여 금식 기도하며
그들이 믿는 주께 그들을 위탁하고 _사도행전 14:21~23

더베는 바울의 제1차 선교 여정의 마지막 코스였습니다. 그런데 더베에서 바로 안디옥으로 돌아오지 않고 바울은 자신이 전도했던 지역을 다시 찾아 전도 현장에서 세워졌던 제자들의 마음을 굳게 하고 믿음 안에 거할 것을 팀사역했습니다. 이 말은 흔들리지 않도록 믿음의 뿌리를 내리게 해 주었다는 것으로, 쉽게 말해 양육을 해 주었다는 것입니다. 바울은 갈 때는 전도를 하고 되돌아올 때는 양육을 하였습니다. 복음을 선포한 현장에 세워진 망대를 견고히 하는 사역이 바로 양육입니다.

골로새서 2장 6~7절에 보면 "그러므로 너희가 그리스도 예수를 주로 받았으니 그 안에서 행하되 그 안에 뿌리를 박으며 세움을 받아 교훈을 받은 대로 믿음에 굳게 서서 감사함을 넘치게 하라"고 말씀합니다. 이것이 바로 양육입니다. 양육은 흔들리는 생각을 붙들어 줄 뿐만 아니라 그 사람이 혼자 설 수 있도록 믿음의 뿌리를 내리게 만들어 주는 것입니다. 사도 바울은 이렇게 선교 여정을 진행할 때 자신이 복음을 선포했던 지역에서 복음의 뿌리를 내려주는 양육 사역을 병행했습니다. 그리고 자신이 감옥에 갇혀 움직일 수 없었을 때는 서신으로 영적 양육을 하였습니다.

바울이 쓴 서신서는 교회에 보낸 서신이 9권, 개인에게 보낸 서신이 4권으

로 모두 13권입니다. 신약성경 절반이 바울서신입니다. 성경의 순서대로 보면 로마서부터 시작해서 빌레몬서까지가 바울서신입니다. 사실 바울이 쓴 서신서가 없으면 목회도 양육도 제대로 할 수 없다고 말할 정도로 그 가치가 높습니다. 우리가 하나님의 뜻과 계획에 맞는 복음적 신앙생활을 할 수 있도록 만든 영적 양육 서신입니다.

영적 양육은 선교 현장에서 정말 중요한 사역입니다. 영적 양육을 통해 상대가 복음에 뿌리를 내릴 수 있도록 해야 합니다. 그런데 이러한 양육도 영적 싸움이기 때문에 사탄은 어떻게 해서든 방해를 하려 합니다. 그럴수록 우리는 더욱 하나가 되어야 합니다.

세계적인 선교학자인 허버트 케인은 "혼자서 선교한다고 생각하는 것, 이것은 하나님 앞에서 범죄다."라고 말했습니다. 이 표현은 비단 선교뿐만 아니라 하나님의 일에 모두 적용됩니다. 나 혼자 한다고 생각하는 순간 창세기 3장, 6장, 11장의 늪에 빠지고 맙니다. '나 혼자'라는 생각을 싹 지워버리시기를 바랍니다. 하나님의 일은 함께하는 것입니다. 사도 바울도 항상 함께 현장에 망대를 세워 나갔습니다. 여러분 모두가 여러분의 동역자와 원팀을 이뤄 현장에 그리스도의 망대를 견고히 세워나가게 되시기를 예수 그리스도의 이름으로 축복합니다.

# 19

## 제자 디모데!

¹ 바울이 더베와 루스드라에도 이르매 거기 디모데라 하는 제자가 있으니 그 어머니는 믿는 유대 여자요 아버지는 헬라인이라 ² 디모데는 루스드라와 이고니온에 있는 형제들에게 칭찬 받는 자니 ³ 바울이 그를 데리고 떠나고자 할새 그 지역에 있는 유대인으로 말미암아 그를 데려다가 할례를 행하니 이는 그 사람들이 그의 아버지는 헬라인인 줄 다 앎이러라 ⁴ 여러 성으로 다녀 갈 때에 예루살렘에 있는 사도와 장로들이 작정한 규례를 그들에게 주어 지키게 하니 ⁵ 이에 여러 교회가 믿음이 더 굳건해지고 수가 날마다 늘어 가니라 _사도행전 16:1~5

ACTS

# 언약 전달의 중요성

바울이 더베와 루스드라에도 이르매 거기 디모데라 하는 제자가 있으니 그 어머니는 믿는
유대 여자요 아버지는 헬라인이라 _사도행전 16:1

앞의 성경 말씀은 바울의 제2차 선교 여정이 시작되는 모습을 보여주고 있습니다. 그런데 상황과 환경은 1차 때와는 많이 달랐습니다. 마가로 인해 바나바와 바울 간에 논쟁이 있었고, 결국 둘은 갈라서게 됩니다. 바나바는 마가와 함께 구브로섬으로 가고, 바울은 실라와 함께 육로를 따라 1차 선교 여행 때 방문했던 더베와 루스드라에 이르렀습니다. 이렇게 한 것은 복음을 들었던 성도들의 믿음을 더욱 굳게 하기 위함이었고, 현장에 세워진 망대를 견고하게 하는 양육 사역의 일환이었습니다.

그 첫 번째 대상이 바로 디모데였습니다. 디모데는 바울의 1차 선교여행 때 복음을 받아들였습니다. 당시 바울은 루스드라에서 앉은뱅이를 일으키는 기적을 행했습니다. 이때 이 지역 사람들이 바나바와 바울을 제우스와 헤르메스라고 하면서 두 사람을 향해 제사를 드리려고 했습니다. 그러자 바울과 바나바가 옷을 찢으며 정확한 복음을 선포했습니다. 그들의 시선이 사람이나 우상, 눈앞에 나타난 현상이 아니라 살아계신 하나님을 향할 수 있도록 한 것입니다. 이 시간표 속에서 디모데가 복음을 받게 되었습니다.

그런데 디모데는 영적 양육을 받을 틈도 없이 바울과 헤어져야 했습니다. 안디옥과 이고니온에서 온 유대인 대적자들이 나타나 무리를 충동해서 바울을 돌로 치게 하였습니다. 사람들은 바울이 죽은 줄 알고 성 밖에다가 버렸는데, 다행히 그는 죽은 것이 아니라 기절한 상태였습니다. 깨어난 바울

은 피투성이가 된 몸으로 루스드라 성에 다시 들어가 하룻밤을 묵고 이튿날 떠났는데, 그 이유가 바로 디모데를 잠시라도 팀사역하기 위함이었다고 봅니다.

한 성경학자가 "스데반이 돌에 맞아 죽을 때 바울이 거기 있었다. 그리고 바울이 루스드라에서 돌에 맞아 죽을 지경이 되었을 때 거기에는 아마 디모데가 있었을 것이다."라고 말했습니다. 스데반의 순교가 바울에게 큰 영향을 미쳤던 것처럼, 바울이 돌에 맞아 성 밖으로 끌려 나가는 모습이 디모데에게 큰 충격과 도전을 주었을 것이라는 의미입니다. 바울도 디모데후서 3장 11절에 "박해를 받음과 고난과 또한 안디옥과 이고니온과 루스드라에서 당한 일과 어떠한 박해를 받은 것을 네가 과연 보고 알았거니와 주께서 이 모든 것 가운데서 나를 건지셨느니라"고 언급했습니다. 디모데가 그 현장에 있었음을 확인해주는 말씀입니다.

바울이 2차 선교여행을 시작하면서 디모데를 먼저 찾았던 이유는 디모데에게 확실하게 언약을 전달하고 복음의 동역자로 삼기 위함이었습니다. 사실 디모데는 선교에 아주 적합한 인물이었습니다. 디모데는 어머니가 유대인이고, 아버지는 헬라인입니다. 두 가지 문화적 배경을 경험하며 자랐던 것입니다. 여러 가지 언어와 문화를 알기 때문에 복음으로 각인, 뿌리, 체질화되면 중요한 선교적 자원으로 서게 됩니다.

사도행전 16장 2절에 보면 디모데를 향해 이렇게 표현합니다. "디모데는 루스드라와 이고니온에 있는 형제들에게 칭찬 받는 자니" 우리가 신앙생활을 할 때 중요한 것이 두 가지입니다. 하나님 앞에 인정받는 것과 함께 주변 사람들에게도 칭찬을 받는 것입니다. 사실 이것은 동전의 양면과 같습니다. 하나님 앞에 인정받는다는 것에는 주변 사람들에게 선한 영향력을 입히는 것이 포함되어 있기 때문입니다. 사람들에게 칭찬을 받지 못하면서 하나님 앞에 인정받는다고 말하는 것은 어불성설입니다. 아무리 입으로 복음, 복음 해도 삶 속에 그리스도의 향기를 발하지 못하면 역사가 일어나지 않게 되어 있습니다.

디모데가 이렇게 칭찬 받는 삶, 영적 영향력을 입히는 삶을 살 수 있었던 바탕에는 언약 교육이 있었습니다. 사도행전 16장 1절에 보면 독특하게 디모데의 어머니를 그냥 유대 여자라고 하지 않고, '믿는 유대 여자'라고 표현하고 있습니다. 디모데후서 1장 5절에 보면 얼마나 언약 교육을 잘 시켰는가에 대해 바울이 말하는 장면이 나옵니다. "이는 네 속에 거짓이 없는 믿음이 있음을 생각함이라 이 믿음은 먼저 네 외조모 로이스와 네 어머니 유니게 속에 있더니 네 속에도 있는 줄을 확신하노라" 언약 전달이 확실하게 되었다는 것입니다.

그리고 바울은 디모데후서 3장 14~17절에는 이렇게 언급합니다. "그러나 너는 배우고 확신한 일에 거하라 너는 네가 누구에게서 배운 것을 알며 또 어려서부터 성경을 알았나니 성경은 능히 너로 하여금 그리스도 예수 안에 있는 믿음으로 말미암아 구원에 이르는 지혜가 있게 하느니라 모든 성경은 하나님의 감동으로 된 것으로 교훈과 책망과 바르게 함과 의로 교육하기에 유익하니 이는 하나님의 사람으로 온전하게 하며 모든 선한 일을 행할 능력을 갖추게 하려 함이라" 한마디로 하나님의 말씀인 언약이 제대로 전달되어 각인, 뿌리, 체질화되면 하나님의 선한 일을 행할 수 있는 능력을 갖추게 되는 것입니다.

미래학자 앨빈 토플러는 「부의 미래」에서 '무용지식'이라는 개념을 언급합니다. 모든 지식에는 한정된 수명이 있어서, 쓸모가 있는 유용한 지식에서 더 이상 의미가 없는 무용지식으로 소멸되어 간다는 것입니다. 세상의 지식이 그렇습니다. 시대가 흘러가면서 쓸모없는 지식으로 변해가는 것입니다. 그러나 하나님의 말씀은 다릅니다. 이사야 40장 8절을 보면 "풀은 마르고 꽃은 시드나 우리 하나님의 말씀은 영원히 서리라"라고 하였습니다. 어제나 오늘이나 영원토록 변함없는 하나님의 말씀이 견고한 망대가 되는 삶은 다르다는 사실을 우리가 반드시 깨달아야 할 것입니다.

## 복음이 우선되는 삶

> 바울이 그를 데리고 떠나고자 할새 그 지역에 있는 유대인으로 말미암아 그를 데려다가 할례를 행하니 이는 그 사람들이 그의 아버지는 헬라인인 줄 다 앎이러라 _사도행전 16:3

사도 바울은 제자 훈련을 시키기 위해 디모데를 데리고 다음 선교 현장으로 출발합니다. 그런데 독특한 것은 디모데에게 먼저 할례를 베풀었습니다. 사도행전의 저자 누가는 그 이유를 그 지역에 있는 유대인들 때문에 그렇게 한 것이라고 기록합니다. 유대인에게 할례는 구원과 연결되어 있었습니다. 사도행전 15장에 보면 중요한 교리 논쟁이 나옵니다. 1절을 보면 "어떤 사람들이 유대로부터 내려와서 형제들을 가르치되 너희가 모세의 법대로 할례를 받지 아니하면 능히 구원을 받지 못하리라 하니"라고 되어있는데 여기서 어떤 사람들은 바리새파 중에 복음을 받았던 사람들입니다. 그런데 이들이 여전히 율법적 사고에서 벗어나지 못했고, 더 심각한 것은 그것을 할례를 받지 않았던 이방인 신자들에게 강요한 것입니다.

그래서 할례가 구원의 조건인가 아닌가에 대해 큰 논쟁이 있었습니다. 이

때 바울과 바나바를 비롯해 안디옥교회의 대표들이 예루살렘에 가서 이방인들에게도 예수 그리스도의 복음을 전했을 때 성령을 부어주시고 구원받게 해 주셨다는 것을 전했습니다. 할례를 받아야만 구원받는다는 것은 잘못된 교리임을 증거한 것입니다. 그래서 결국 "예수 그리스도만으로 구원을 얻는 것이다. 행위나 율법으로 구원을 얻는 것이 절대 아니다. 그러므로 할례를 강요하지 말라"는 결론을 내리게 되었습니다.

그런데 바울은 지금 이렇게 결론이 난 것에 대한 것과는 다르게 디모데에게 할례를 행했습니다. 그 이유가 무엇이었겠습니까? 바울이 아직 복음을 알지 못한 채 그 지역에 있던 유대인들을 고려했기 때문이었습니다. 쉽게 설명하면 믿음이 약한 사람을 배려하여 그들에게도 복음이 들어가기를 소망하는 마음으로 그렇게 한 것입니다. 바울서신서를 보면 이런 바울의 영적 흐름이 계속 이어집니다. 고린도교회에 우상에게 바친 제물에 대한 갈등이 있었을 때도 마찬가지입니다. 그것을 먹고 안 먹고가 중요한 것이 아니라, 먹음으로 인해 믿음 약한 자들이 시험에 들게 된다면 먹지 말아야 한다는 것이었습니다.

바울은 항상 복음의 유익이 선택과 행동의 최우선순위였습니다. 고린도전서 9장 19절에 보면 바울이 이렇게 고백합니다. "내가 모든 사람에게서 자유로우나 스스로 모든 사람에게 종이 된 것은 더 많은 사람을 얻고자 함이라" 바울은 유대인들에게는 유대인과 같이 되었고, 율법 아래에 있는 자들에게는 자신이 율법 아래에 있지 아니하나 율법 아래 있는 자같이 되었다고 고백합니다. 약한 자들에게는 자신이 약한 자와 같이 되었다고 밝힙니다. 그 이유는 바로 그들을 구원하고자 함이었습니다.

바울은 복음을 위하여 모든 것을 행했습니다. 디모데에게 할례를 받도록 한 것도 유대인들을 상대로 해서 복음을 전하고자 할 때 걸리적 거리는 것이 없도록 하기 위함이었습니다. 이런 바울의 복음의 유익을 우선하는 마인드가 디모데에게 각인이 되었을 것입니다. "자녀는 부모의 뒷모습을 보고 배운다"라는 말이 있습니다. 비단 부모만이 아닙니다. 우리가 행하는 것을 통해 후대가 영향을 받게 되어 있습니다. 그러므로 우리는 항상 복음이 우선 되는 삶을 통해 자녀들을 복음엘리트로 양육해 나가야 할 것입니다.

바울의 제2차 선교여행에 함께한 디모데는 마게도냐 복음화에 헌신했고, 바울의 지시에 따라 데살로니가에서 사역했습니다. 그 후에 바울과 고린도에서 합류하여 함께 복음 운동을 해 나갔고, 바울이 3차 선교여행을 마치고 예루살렘으로 귀향할 때 함께 동행했습니다. 이후 바울이 로마 감옥에서 마지막 서신인 디모데후서를 쓸 당시에는 에베소교회에서 목회하고 있었습니다. 디모데는 바울의 순교 이후 에베소 감독으로 지내다가 도미티아누스 황제 박해 때 순교했습니다. 디모데는 결국 하나님을 가장 영화롭게 하는 삶을 살았던 것입니다. 독자 여러분도 제자 디모데와 같이 그리스도의 절대 제자가 되어 선교 여정에 기념비적 발자취를 남기게 되시기를 예수 그리스도 이름으로 축복합니다.

# 20

## 인생의 길이 막혔을 때!

⁶ 성령이 아시아에서 말씀을 전하지 못하게 하시거늘 그들이 브루기아와 갈라디아 땅으로 다녀가 ⁷ 무시아 앞에 이르러 비두니아로 가고자 애쓰되 예수의 영이 허락하지 아니하시는지라 ⁸ 무시아를 지나 드로아로 내려갔는데 ⁹ 밤에 환상이 바울에게 보이니 마게도냐 사람 하나가 서서 그에게 청하여 이르되 마게도냐로 건너와서 우리를 도우라 하거늘 ¹⁰ 바울이 그 환상을 보았을 때 우리가 곧 마게도냐로 떠나기를 힘쓰니 이는 하나님이 저 사람들에게 복음을 전하라고 우리를 부르신 줄로 인정함이러라 _사도행전 16:6~10

ACTS

# 사도 바울의 영적 대처 ✒

 우리가 인생을 살아가면서 내 마음대로 되지 않는 경우가 많이 생깁니다. 정말 기대에 부풀어 목표와 계획을 세우고 출발했는데, 갑자기 기대했던 것과는 전혀 다르게 그 길이 막히는 경우를 경험해 보았을 것입니다. 어떤 사람은 하는 일마다 안 된다고 불만을 토로하기도 합니다. 이런 상황에 처하면 많은 사람이 분노하거나 좌절하게 됩니다. 하지만 우리는 이런 상황에서 영적인 대처를 해야 할 것입니다.

 이번에 살펴볼 내용은 자신의 뜻대로 일이 진행되지 않아 마치 그 길이 꽉 막혀 버린 것 같은 상황에 처한 사도 바울에 대한 이야기입니다. 바울은 제1차 선교여행을 통해 소아시아, 지금의 터키 지역에서 많은 열매를 거두었습니다. 그래서 제2차 선교여행을 통해 그 현장을 견고하게 하고 또 다른 소아시아 지역에서 복음 운동을 확산시켜 나갈 원대한 꿈을 안고 출발했습니다. 실라와 한 팀이 되었고, 제자 디모데도 합류하면서 모든 것이 일사천리로 진행되는 것 같았습니다.

 한번 사도 바울의 마음을 헤아려 보시기 바랍니다. 얼마나 흥분이 되었겠습니까? 용기백배하여 소아시아 지역을 파고 들어가려고 했습니다. 그런데 놀랍게도 사도행전 16장 6절에 보면 "성령이 아시아에서 말씀을 전하지 못하게 하시거늘"이라고 되어 있습니다. 이런 청천벽력과도 같은 상황을 바울은 전혀 생각지 못했을 것입니다. 우리가 신앙생활을 하면서도 이런 상황에 처할 수 있습니다. 뭔가를 좀 해보려고 했는데 그 길이 막혀 버리고 마는 경우가 있게 됩니다. 그럴 때 과연 어떻게 하는 것이 올바른 영

적 대처일까요? 이번 말씀을 통해 답을 얻고 변화와 성장을 이루는 증거가
있게 되기를 바랍니다.

## 하나님의 음성을 듣는 시간표

성령이 아시아에서 말씀을 전하지 못하게 하시거늘 그들이 브루기아와 갈라디아 땅으로
다녀가 무시아 앞에 이르러 비두니아로 가고자 애쓰되 예수의 영이 허락하지 아니하시는지라
— 사도행전 16:6~7

사도 바울은 안디옥에서 제2차 선교여행을 출발했습니다. 바나바와 마가
가 한 팀이 되어 1차 선교여행 시 첫 선교지였던 구브로로 갔기 때문에 바
울은 육로를 이용해서 더베와 루스드라에 도착했습니다. 여기서 디모데와
합류하면서 바울은 실라, 디모데와 함께 소아시아 여러 성으로 다니면서 복
음을 증거했습니다. 사도행전 16장 5절에 보면 이때 여러 교회가 믿음이 더
굳건해지고 수가 날마다 늘어가는 역사가 일어났습니다.

그런데 열정을 가지고 복음을 증거하던 바울팀에게 예기치 못한 일이 발
생했습니다. 바로 성령께서 아시아 지역에서 더 이상 말씀을 전하지 못하
게 하신 것입니다. 다른 것도 아닌 복음을 증거하는 것을 막았다는 것이 얼
핏 보면 이해가 안 되는 부분입니다. 처음에 바울도 이것이 무슨 일인가 하
면서 반신반의했던 것 같습니다. 그래서 브루기아와 갈라디아 땅으로 이동
하다가 소아시아의 서쪽 끝 지역인 무시아 앞에 이르렀습니다. 바울은 이곳
에서 다시 소아시아 지역의 북서쪽에 있는 비두니아로 가고자 했지만, 예수
의 영이 허락하지 아니하였다고 말씀하고 있습니다. 그러자 바울은 성령의

반대가 나타나지 않는 드로아로 내려갔습니다. 드로아는 소아시아에서 마게도냐와 로마로 가는 중요한 항구도시였습니다.

이 말씀을 통해 우리는 왜 예수의 영인 성령께서 아시아에서 말씀을 전하지 못하게 하셨는가에 대해 생각하는 것에 앞서 살펴볼 것이 있습니다. 선교는 어떤 인간적 생각과 계획이 아니라 성삼위 하나님의 인도를 통해 되어지는 것이라는 사실입니다. 사도행전 16장의 말씀에도 보면 6절에 성령, 7절에는 예수의 영, 10절에는 하나님이 언급되어 있습니다. 한 마디로 선교는 성삼위 하나님의 주권적인 사역임을 볼 수 있습니다. 잠언 16장 9절에도 보면 사람이 마음으로 자기의 길을 계획할지라도 그 걸음을 인도하시는 분은 여호와 하나님이심을 말씀합니다. 인간의 계획이 아니라 하나님의 계획이 우선된다는 것입니다.

그래서 중요한 것이 바로 인생의 길이 막혔을 때 하나님의 음성을 듣는 시간표라는 사실을 붙잡아야 한다는 사실입니다. 하나님의 음성을 듣는다는 것이 무엇입니까? 하나님의 말씀을 붙잡는 것입니다. 강단을 통해 선포되는 말씀에 비추어 내 생각과 계획을 다시 바라보라는 것입니다. 여러분이 이 영적 흐름 속에 있을 때 하나님이 시간표에 따라 주시는 응답을 체험하게 됩니다. 사도 바울도 드로아에서 하나님의 음성을 듣고자 했습니다. 하나님이 원하시는 선교지가 어디인지 간절히 기도했을 것입니다. 이런 기도의 응답이 환상으로 나타납니다.

밤에 환상이 바울에게 보이니 마게도냐 사람 하나가 서서 그에게 청하여 이르되 마게도냐로 건너와서 우리를 도우라 하거늘 바울이 그 환상을 보았을 때 우리가 곧 마게도냐로 떠나기를 힘쓰니 이는 하나님이 저 사람들에게 복음을 전하라고 우리를 부르신 줄로 인정함이러라

_사도행전 16:9~10

바울이 마게도냐 환상을 보게 되는 장면입니다. 마게도냐는 지금의 그리스 지역을 말합니다. 드디어 유럽으로 복음의 문이 열리는 시간표가 된 것입니다. 하나님의 뜻과 계획은 유럽 복음화에 있었습니다. 이렇게 시작된 복음의 물결이 서쪽으로 계속 흘러 흘러 우리에게까지 전해진 것입니다. 이 복음의 물결이 237나라 5천 종족으로 흘러가게 해야 할 미션이 우리에게 있습니다. 지금도 우리를 부르는 자들이 237현장에는 너무나 많다는 사실을 우리가 깨달아야 할 것입니다.

## 다른 길을 여시는 하나님 체험

우리가 드로아에서 배로 떠나 사모드라게로 직행하여 이튿날 네압볼리로 가고 거기서 빌립보에 이르니 이는 마게도냐 지방의 첫 성이요 또 로마의 식민지라 이 성에서 수일을 유하다가
— 사도행전 16:11~12

마게도냐에 가서 복음을 전하라는 하나님의 음성을 들은 바울은 즉시로 움직였습니다. 신앙생활은 바울과 같은 영적 순발력이 중요합니다. 운동의 승패를 좌우하는 결정적 능력 중 하나인 순발력은 체력이나 기술 못지않게 중요합니다. 강단의 말씀을 즉시로 순종하는 영적 순발력을 여러분이 가지시기를 바랍니다. 즉시로 움직인 바울이 마게도냐 지방의 첫 성인 빌립보에 이르게 됩니다. 빌립보는 유럽의 관문이며 유럽 전도의 출발지인 동시에 유럽 최초의 교회가 세워진 곳입니다.

안식일에 우리가 기도할 곳이 있을까 하여 문 밖 강가에 나가 거기 앉아서 모인 여자들에게

놀랍게도 하나님께서는 빌립보 지역 복음화를 위해 이미 한 사람을 준비해 놓고 계셨습니다. 그가 바로 루디아였습니다. 루디아는 두아디라 성의 자색 옷감 장사였습니다. 두아디라 성은 염료 생산지로 유명했고, 루디아는 염료 중에서도 값비싼 자색 염료로 처리된 옷감을 취급하는 사업가였습니다. 당시에는 귀족층이 자색 옷을 입었습니다. 그러니 그 사업이 얼마나 번창했겠습니까? 루디아는 상당한 재력을 가지고 있었고 사회적으로도 명성이 있었던 산업인이었습니다.

앞의 성경 말씀에서 '하나님을 섬기는 루디아'라는 표현으로 보아 루디아는 이방인이었지만 유대교로 개종한 자라는 것을 알 수 있습니다. 재미있는 것은 주께서 그 마음을 열어 바울의 말을 따르게 했다는 것입니다. 바울로부터 복음을 들은 루디아는 기쁨으로 충만했습니다. 루디아는 이미 주께서 마음 문을 열어 놓아 바울이 전하는 메시지를 잘 받아들였습니다.

루디아를 통해서 그 집안 전부가 복음을 듣고 예수 그리스도를 영접하게 되었습니다. 복음 가진 여러분 한 사람을 통해 여러분의 가정도 변화되고 삶의 현장이 변화될 것입니다. 믿으시기를 바랍니다. 이후 루디아는 바울로 하여금 자기 집에 와서 유하라고 강권하여 거하게 하였습니다. 자기 집에서 말씀 운동을 하라는 것이었습니다. 이것이 미션홈이었고, 결국 빌립보교회의 기초가 되었습니다.

이처럼 바울이 아시아로 가는 길을 막으셨던 하나님께서 새로운 길을 여신 것을 볼 수 있습니다. 유럽 복음화라는 하나님의 시대적 미션이 성취되는 시간표였습니다. 역사학자 아놀드 토인비는 "사도 바울을 태우고 마게도냐로 향한 배가 바로 유럽의 역사를 바꾸는 배였으며, 유럽 문명사의 미래를 안고 간 배였다."라고 표현했을 만큼 놀라운 영향력을 입혔던 것입니다. 여러분, 하나님이 길을 막으실 때 오히려 놀라운 일을 기대하기를 바랍니다. 우리가 생각하지 못한 크고 비밀한 일을 하나님께서 예비해 놓고 계신 것입니다. 이사야 55장 9절에 보면 "이는 하늘이 땅보다 높음 같이 내 길은 너희의 길보다 높으며 내 생각은 너희의 생각보다 높음이니라"라고 되어 있습니다. 하나님의 생각과 우리 생각의 수준은 비교조차 할 수 없습니다.

루디아의 행동을 보면 사업가적인 기질이 다분했습니다. 뭐든 시원시원했습니다. 주의 일이라면 즉각 순종한 것입니다. 사업에서 제일 중요한 것이 승부수를 띄우는 결행력(決行力)이라고 할 수 있습니다. 현대그룹의 창업주 故정주영 회장의 리더십을 세 가지로 요약하면, 심각한 위기 상황을 결정적 도약의 기회로 전환시켰던 도전 정신과 창조적 발상, 그리고 무서운 결행력입니다. 부정적인 선입견, 고정관념, 편견을 다 깨버린 것입니다. 그가 말한 "이봐 해봤어?"라는 표현이 이것을 대표합니다. 신앙생활도 마찬가지입니다. 강단에서 말씀이 떨어지면 그것이 하나님의 응답 시간표인 줄 알고 즉시 행동으로 옮기는 영적 결행력의 대가가 되어야 합니다. 이를 통해 모든 독자 여러분이 237나라 5천 종족 복음화의 여정에 기둥과 같이 쓰임 받게 되시기를 예수 그리스도의 이름으로 축복합니다.

# 21

# 우리 모두가 사는 길!

<sup>31</sup> 이르되 주 예수를 믿으라 그리하면 너와 네 집이 구원을
받으리라 하고 <sup>32</sup> 주의 말씀을 그 사람과 그 집에 있는 모
든 사람에게 전하더라 <sup>33</sup> 그 밤 그 시각에 간수가 그들을 데
려다가 그 맞은 자리를 씻어 주고 자기와 그 온 가족이 다
세례를 받은 후 <sup>34</sup> 그들을 데리고 자기 집에 올라가서 음식
을 차려 주고 그와 온 집안이 하나님을 믿으므로 크게 기뻐
하니라 _사도행전 16:31~34

## 영적 공인

 우리는 영적으로 볼 때 나를 위해 사는 존재가 아닙니다. 어떻게 보면 우리는 영적으로 '공인(公人)'이라 할 수 있습니다. 그리스도의 대사라는 공인입니다. 공인은 자신만을 위해 살아서는 안 됩니다. 모두를 살리는 길로 나아가야 합니다. 그 대상은 나와 내 가족을 넘어 영적인 가족, 우리 주변의 불신자, 전 세계 237나라의 불신 영혼들을 향해 확장되어야 합니다. 그것이 구원받은 우리를 향한 하나님의 뜻과 계획입니다.

 지난 챕터에서 우리는 하나님께서 유럽 복음화의 새로운 길을 여시는 것을 살펴보았습니다. 그 첫 번째 여정이 루디아와 그 집안의 복음화였습니다. 이번 챕터에서는 루디아와 그 집안이 복음화된 것을 넘어 어떻게 빌립보 지역이 복음화되어 가는지 그 여정을 살펴보도록 하겠습니다. 빌립보 복음화 여정은 유럽 복음화의 도화선이 되는 중요한 시간표였습니다. 그 언약적 흐름이 지금까지 흘러왔고, 이제는 237나라 5천 종족 복음화를 향해 나아가고 있는 것입니다. 이처럼 복음은 우리 모두를 살리는 길이라는 사실을 우리가 분명히 깨달아야 합니다.

## 영적 대응

우리가 기도하는 곳에 가다가 점치는 귀신 들린 여종 하나를 만나니 점으로 그 주인들에게 큰 이익을 주는 자라 그가 바울과 우리를 따라와 소리 질러 이르되 이 사람들은 지극히 높은 하나님의 종으로서 구원의 길을 너희에게 전하는 자라 하며 _사도행전16:16~17

루디아가 복음을 받은 이후 그 집에서 본격적인 말씀 운동이 펼쳐졌고, 사도 바울은 빌립보 현장도 파고 들어갔습니다. 그래서 복음을 증거할 중요한 접촉점인 기도하는 곳으로 가게 되었습니다. 기도처라는 언급을 통해 지금 빌립보에는 유대인의 회당이 없었다는 것을 알 수 있습니다. 그리고 앞의 성경 말씀에 보면 한 가지 독특한 표현이 등장합니다. 그것은 '우리가'라는 표현입니다. 우리라는 표현을 통해 사도행전의 저자 누가가 지금 바울팀에 합류했음을 알 수 있습니다.

사도행전 16장 10절을 보면 처음으로 '우리가'라는 표현이 등장합니다. 누가가 드로아에서 바울과 합류한 것입니다. 성경학자 바클레이는 건강이 좋지 않았던 바울의 주치의로 누가가 합류한 것이라고 언급했습니다. 이후 누가는 바울의 선교 여행의 동역자요 목격자요 주치의로 함께했습니다. 그리고 디모데후서 4장 11절에 보면 바울의 마지막 순간까지도 함께 하였음을 볼 수 있습니다. 이처럼 복음 운동을 위해 하나님께서는 우리 모두에게 서로 다른 달란트를 주셨습니다. 그 이유가 무엇이겠습니까? 서로가 함께 원니스 되어 복음 운동을 펼쳐 나가라는 것입니다.

앞의 성경 말씀을 보면, 바울팀이 기도처를 향해 갈 때 점치는 귀신 들린 여종 하나를 만나게 됩니다. 그런데 이 귀신 들린 여종이 바울팀을 따라와 "이 사람들은 지극히 높은 하나님의 종으로서 구원의 길을 너희에게 전하는 자라"라고 소리를 지릅니다. 어떻게 보면 귀신이 전도를 하는 것처럼 보입니다. 사실 귀신 들렸다는 것은 영의 세계를 안다는 것이라 할 수 있습니다. 성령이 아니라 악령이 들어서 문제지만, 영적인 실체를 알고 있다는 것입니다. 누가복음 4장에도 보면 귀신 들린 자들은 예수님이 누구신지에 대해 정확히 알고 있었음을 볼 수 있습니다.

그런데 귀신들은 그저 알고만 있지 믿지는 않습니다. 앞의 성경 말씀에도 사탄의 교묘한 속임수가 담겨 있습니다. 원어로 된 성경을 보면 '구원의 길'이라는 표현에 정관사가 없습니다. 정관사가 있고 없고는 구원의 절대성, 유일성과 연결됩니다. 정관사가 있으면 하나밖에 없다는 것을 의미합니다. 그런데 정관사가 없다는 것은 여러 가지 구원의 길이 있는데, 그 가운데 하나를 바울팀이 전한다는 것을 나타냅니다. 오직 예수 그리스도만이 구원의 길이 되신다는 유일성의 복음을 희석하여 속이는 것입니다. 이는 사탄의 교묘한 전략입니다.

사탄은 우리의 생각 속에 자꾸만 속임수를 넣으려 합니다. 가라지를 뿌려서 내가 하나님 자녀가 맞는가라는 신분 의식부터 헷갈리게 만듭니다. 그래서 중요한 것이 하나님의 말씀입니다. 말씀이 견고하게 뿌리내려져 있으면 속지 않게 됩니다. 그렇기 때문에 강단의 말씀과 24시간 소통하는 것이 중요합니다. 그러면 흔들리지 않습니다.

이같이 여러 날을 하는지라 바울이 심히 괴로워하여 돌이켜 그 귀신에게 이르되 예수 그리스도의 이름으로 내가 네게 명하노니 그에게서 나오라 하니 귀신이 즉시 나오니라 _사도행전 16:18

사도 바울은 사탄의 전략에 속지 않고 영적 싸움을 했습니다. 예수 그리스도 그 이름의 권세로 귀신을 쫓아낸 것입니다. 그 결과 귀신 들린 여종은 온전한 상태가 되었습니다. 얼마나 기쁜 일이고 축하해 줄 일입니까? 그런데 사탄의 입장에서는 통탄할 노릇이었습니다. 그래서 귀신 들린 여종을 통해 돈을 벌고 있었던 주인들을 충동해서 바울팀을 고소하였고, 바울과 실라는 매질을 당하고 차꼬에 채워져 깊은 옥에 갇혔습니다. 바울이 고린도후서 11장 25절에서 언급했던 세 번의 태장을 맞은 것 중 하나였습니다. 그런데 이런 상황 속에서 바울은 하나님을 향한 불평과 원망을 하지 않고, 오히려 영적 대응을 했습니다.

한밤중에 바울과 실라가 기도하고 하나님을 찬송하매 죄수들이 듣더라 _사도행전16:25

빌립보 지역에 견고하게 구축되어 있던 흑암 세력과의 영적 싸움에서 바울은 속지 않았습니다. 사실 바울은 로마 시민권자였습니다. 당시 로마 시민권자는 공정하고 정당한 절차를 밟아 재판받는데, 형이 확정되지 않은 로마 시민에게 매질을 하거나 감옥에 가두는 것을 금지하고 있었습니다. 그런데 자신이 로마 시민권자임을 밝히지 않았습니다. 그 이유가 어디에 있었겠습니까? 귀신 들린 여종의 주인들이 바울과 실라를 유대인이라고 하면서 빌립보성을 심히 요란하게 하는 풍속을 전한다는 것으로 고소한 것이었습니다. 이때 자신이 유대인이 아니라 로마 시민권자라고 밝혔으면 오히려 유대인을 구원하는 사역에 큰 걸림돌이 되었을 것이기 때문입니다. 사도 바울은 항상 복음의 유익이 우선이었습니다.

여러분도 때로는 복음을 증거하다가, 예수 믿는다는 것 때문에 오해를 받고 손해를 보고 핍박을 받는 경우가 생길 수 있습니다. 불신 가문에 있는 분들은 더더욱 그러합니다. 그런데 이때 바울처럼 영적 대응을 하시기 바랍니다. 영의 눈을 열고 속지 마시기 바랍니다. 하나님의 전신 갑주를 입고 영적 싸움을 싸우시기 바랍니다.

# 빛의 망대

한밤중에 바울과 실라가 기도하고 하나님을 찬송하매 죄수들이 듣더라 이에 갑자기 큰 지진이
나서 옥터가 움직이고 문이 곧 다 열리며 모든 사람의 매인 것이 다 벗어진지라 _사도행전 16:25~26

 사도 바울과 실라가 그렇게 매질을 당하고 깊은 감옥에 갇혀서 한 행동은 기도와 하나님을 찬송한 것이었습니다. 이것이 무엇을 의미합니까? 바로 바울과 실라가 감옥 안에서 빛의 망대를 세웠다는 것을 의미합니다. 원어로 된 성경을 보면 바울과 실라의 기도와 찬송이 한 번으로 끝난 것이 아니었습니다. 큰 지진이 일어나 모든 사람의 매인 것이 다 벗어지기까지 계속된 것이었습니다.

 특히 중요한 것은 이런 바울과 실라의 기도와 찬송을 감옥 안에 있던 죄수들이 다 들었다는 것입니다. 쉽게 설명하면 바울과 실라가 이 죄수들에게 영적 영향력을 입혔다는 것입니다. 도대체 저 사람들은 뭐지, 그렇게 매질을 당하고, 차꼬에 채워져 있으면서도 원망과 불평을 하는 것이 아니라 오히려 기쁘게 하나님을 찬송하고 기도하니 그 속에 뭐가 있는지 귀를 기울였던 것입니다.

 바울과 실라가 감옥 안에서 빛의 망대를 세우자 놀라운 기적이 일어났습니다. 큰 지진이 일어나 옥터가 움직이고, 문이 열리고, 모든 죄수의 매인 것이 다 풀어졌습니다. 하나님께서 그들 모두를 해방시키신 것입니다. 이때 감옥을 지키던 간수가 자다가 깨어 옥문이 열린 것을 보고 죄수들이 다 도망한 줄 생각하고 자결하려고 했습니다. 당시 로마법에 따르면 죄수가 탈출했을 때는 죄수를 지키던 간수가 그 죄를 대신 받아야 했기 때문입니다.

그때 바울이 큰 소리로 그가 자결하려는 것을 막았습니다.

간수가 등불을 달라고 하여 뛰어 들어가 무서워 떨며 바울과 실라 앞에 엎드리고 그들을 데리고
나가 이르되 선생들이여 내가 어떻게 하여야 구원을 받으리이까 하거늘 _사도행전16:29~30

간수는 바울과 실라를 데리고 나가 "선생들이여 내가 어떻게 하여야 구원
을 받으리이까" 라고 물었습니다. 이 간수는 감옥 안에 있던 죄수들과 마찬
가지로 바울과 실라가 그렇게 죽도록 매를 맞고 감옥에 갇혔어도 찬송하고
기도하며 하나님께 영광을 돌리는 것을 보고 매우 의아할 수밖에 없었습니
다. '도대체 저들에게 무엇이 있기 때문에 저런 상황 속에서도 찬송을 하고
기도를 하며 기뻐할 수 있을까?'라고 생각했을 것입니다. 그는 간수였기 때
문에 바울과 실라가 왜 감옥에 왔는지 다 알고 있었습니다. 그래서 이들에
게 진정한 해답이 있을 것이라고 생각했던 것입니다. 어떻게 해야 구원을
받을 수 있느냐는 간수의 물음에 바울은 정확한 답을 줍니다.

이르되 주 예수를 믿으라 그리하면 너와 네 집이 구원을 받으리라 하고 _사도행전16:31

인생의 모든 문제의 해답이 바로 예수 그리스도이며, 예수 그리스도를 믿
으면 개인 구원, 가족 구원까지 이루어진다는 것입니다. 이 말씀은 곧바로
성취되었습니다.

주의 말씀을 그 사람과 그 집에 있는 모든 사람에게 전하더라 그 밤 그 시각에 간수가
그들을 데려다가 그 맞은 자리를 씻어 주고 자기와 그 온 가족이 다 세례를 받은 후
그들을 데리고 자기 집에 올라가서 음식을 차려 주고 그와 온 집안이 하나님을 믿으므로

바울과 실라가 빛의 망대를 세운 결과는 결국 간수와 온 집안 복음화로 이어집니다. 그리고 더 나아가 이 간수 집안과 루디아 집안이 빌립보교회의 초석을 놓은 것입니다. 내 안에 빛의 망대가 견고히 세워지면 '영적 파급효과'가 일어납니다. 연쇄적으로 개인과 가문, 지역으로 복음이 확산되는 것입니다. 사도행전의 말씀을 보면 독특한 것이 있습니다. 고넬료 한 사람이 아니라 고넬료와 그 집안, 루디아와 그 집안, 간수와 그 집안이 복음화가 되었음을 강조합니다. 내 안에 빛의 망대가 견고히 세워져 있으면 이처럼 영적 파급효과가 일어나게 되어 있다는 사실을 분명히 깨달으시기 바랍니다.

동해안의 오징어잡이 배가 야간작업을 할 때 불을 환하게 켜둔 것을 본 적이 있을 것입니다. 이렇게 불빛을 보고 모여드는 어류를 잡기 위해 쓰는 등불을 가리켜 '집어등(集魚燈)'이라고 합니다. 교회도 이런 역할을 해야 합니다. 세상 사람들이 모여들도록 영적인 집어등이 되어야 합니다. 우리 개개인도 마찬가지입니다. 모두가 영적 집어등이 되어 사람들이 모이도록 하고 그들에게 복음을 전해야 합니다. 어선의 집어등은 죽음의 미끼가 되지만, 영적인 집어등은 살리는 도구가 됩니다. 모든 독자 여러분이 이런 영적 집어등, 빛의 망대가 되어 사람들을 살리는 길로 나아가게 되시기를 예수 그리스도의 이름으로 축복합니다.

# 22

# 천하를 어지럽게 하는 사람들!

¹ 그들이 암비볼리와 아볼로니아로 다녀가 데살로니가에 이르니 거기 유대인의 회당이 있는지라 ² 바울이 자기의 관례대로 그들에게로 들어가서 세 안식일에 성경을 가지고 강론하며 ³ 뜻을 풀어 그리스도가 해를 받고 죽은 자 가운데서 다시 살아나야 할 것을 증언하고 이르되 내가 너희에게 전하는 이 예수가 곧 그리스도라 하니 ⁴ 그 중의 어떤 사람 곧 경건한 헬라인의 큰 무리와 적지 않은 귀부인도 권함을 받고 바울과 실라를 따르나 ⁵ 그러나 유대인들은 시기하여 저자의 어떤 불량한 사람들을 데리고 떼를 지어 성을 소동하게 하여 야손의 집에 침입하여 그들을 백성에게 끌어내려 찾았으나 ⁶ 발견하지 못하매 야손과 몇 형제들을 끌고 읍장들 앞에 가서 소리 질러 이르되 천하를 어지럽게 하던 이 사람들이 여기도 이르매 ⁷ 야손이 그들을 맞아 들였도다 이 사람들이 다 가이사의 명을 거역하여 말하되 다른 임금 곧 예수라 하는 이가 있다 하더이다 하니 ⁸ 무리와 읍장들이 이 말을 듣고 소동하여 ⁹ 야손과 그 나머지 사람들에게 보석금을 받고 놓아 주니라 _사도행전 17:1~9

# 말씀의 개인화

그들이 암비볼리와 아볼로니아로 다녀가 데살로니가에 이르니 거기 유대인의 회당이 있는지라
_사도행전 17:1

빌립보에서의 사역을 마치고 바울팀은 암비볼리와 아볼로니아를 거쳐 데살로니가로 향합니다. 데살로니가는 항구 도시이자 마게도냐의 수도입니다. 바울이 전략적으로 이 현장을 파고 들어간 것입니다. 데살로니가는 지금도 그리스에서 수도인 아테네에 이어 두 번째로 큰 도시입니다. 지금 이 짧은 구절 속에도 선교를 위한 하나님의 예비하심이 담겨 있습니다. 바울은 고대 로마의 군사 도로인 '에그나티아 가도'를 이용해서 이동했는데, 드로아에서 출발해 마게도냐로 들어오면서부터 이 길을 이용했습니다. 여러분이 잘 알고 있는 '모든 길은 로마로 통한다'는 말처럼 로마제국은 정복지마다 잘 닦여진 도로를 구축해 놓았고, 사도 바울은 이 길을 따라 선교의 여정을 간 것입니다. 로마제국은 군사적 목적으로 길을 닦아놓았지만, 하나님께서 그 길을 선교적 목적으로 바꿔 사용하도록 하셨습니다. 하나님의 예비하심이 바울의 선교 여정에 다 담겨 있습니다.

비단 이뿐이 아닙니다. 마틴 루터의 종교개혁이 급속도로 확산될 수 있었던 배경에 성경 번역이 있었습니다. 이전에는 라틴어로만 되어 있어서 교육받은 신부 외에는 성경을 볼 수 없었습니다. 그래서 루터가 이 성경을 일반 사람들이 다 읽을 수 있는 독일어로 번역한 것입니다. 그러나 번역만 하면 다 되는 것이 아닙니다. 책으로 만들어져 사람들에게 보급되어야 합니다. 그런데 놀랍게도 종교개혁이 있기 전에 인쇄술이 발달되었고, 발달된 인쇄

술로 성경을 찍어 내어 보급하니까 급속도로 확산된 것입니다.

이것이 그저 우연하게 된 일일까요? 그렇지 않습니다. 하나님의 선교 계획이었던 것입니다. 언약을 주신 하나님께서 우리를 사용하시기 위해 모든 것을 준비해 놓고 계신다는 사실을 분명히 깨달아야 합니다. 우리는 하나님께서 예비하신 축복을 현장에서 맛보면 됩니다. 그것이 전도캠프이고, 선교입니다.

바울이 자기의 관례대로 그들에게로 들어가서 세 안식일에 성경을 가지고 강론하며 뜻을 풀어 그리스도가 해를 받고 죽은 자 가운데서 다시 살아나야 할 것을 증언하고 이르되 내가 너희에게 전하는 이 예수가 곧 그리스도라 하니 _사도행전 17:2~3

바울이 데살로니가에 도착했을 당시에 이 도시에는 유대인 회당이 있었습니다. 그래서 바울은 자기의 관례대로 회당을 먼저 파고 들어갔습니다. 자기의 관례대로라는 표현은 자기 마음에 내키는 대로 했다는 말이 아닙니다. 바울은 우선순위를 정해서 현장을 파고 들어갔다는 것입니다. 쉽게 설명하면 선교의 접촉점 일순위가 유대인 회당이었습니다. 유대인 회당이 황금어장인 동시에 빈 곳이었습니다. 그리고 중요한 것이 그 현장에서 바울이 정확한 복음 메시지를 전했다는 것입니다.

바울은 세 안식일 즉 3주 동안 성경을 가지고 강론하면서 그 뜻을 풀어 전했습니다. 바울이 전한 메시지의 핵심은 크게 두 가지였습니다. 첫째는 예수 그리스도의 십자가와 부활이었습니다. 모든 인류를 위해, 우리의 모든 죄로 인하여 예수께서 해를 받으시고 십자가에 못 박혀 돌아가셨지만, 하나님께서 그 예수를 사흘 만에 부활시키셨다는 것입니다. 두 번째 메시지는 이 예수가 곧 그리스도라는 말입니다. 너희가 그렇게 기다려 왔던 메시아가 바로 예수님이시며, 왜 우리에게 그리스도가 필요한지 그 당위성을 설명하였습니다. 우리가 현장에서 전도운동을 펼쳐 나갈 때 그 플랫폼이 메시지 확립입니다. 메시지 확립이 되지 않은 상태에서는 영향력을 입힐 수가 없고, 지속할 수가 없습니다. 그래서 말씀의 개인화를 이루는 것이 정말 중요합니다. 말씀의 뼈대가 없으면 어느 순간 무너집니다. 말씀이 개인화되는 시간을 여러분이 정말로 가져야 합니다. 강단의 말씀을 듣고 끝나는 것이 아니라 그 말씀을 묵상하며 개인화시키는 시간이 있어야 한다는 것입니다. 사도행전 17장 11절에도 보면 베뢰아에 있던 사람들이 간절한 마음으로 말씀을 받고 날마다 그것이 사실인지 성경을 상고했다고 밝히고 있습니다. 말씀이 개인화되는 시간을 가졌다는 것입니다. 말씀의 망대가 내 안에 견고히 설 때 나 자신뿐만 아니라 모두를 살리는 자리로 나아가게 되는 것입니다.

## 영적 지각변동

*그 중의 어떤 사람 곧 경건한 헬라인의 큰 무리와 적지 않은 귀부인도 권함을 받고 바울과 실라를 따르나 _사도행전 17:4*

 바울이 메시지를 집중적으로 전하자 경건한 헬라인의 큰 무리와 적지 않은 귀부인들이 복음을 받고 예수 그리스도를 영접하는 증거가 일어났습니다. 사도행전 17장 2절에 보면 3주라는 짧은 기간 동안 많은 열매가 있었다는 것을 말해주고 있습니다. 현장에는 우리가 복음을 전하기만 하면 변화받을 많은 영혼들이 숨겨져 있습니다. 오랜 기간 말씀을 전해서 역사가 일어나기도 하지만 짧은 기간에도 하나님의 집중 조명이 있게 되면 큰 증거가 일어나게 되어 있습니다.

사실 우리가 설명을 잘해서, 영접메시지를 능숙하게 잘해서 변화되는 것이 아닙니다. 현장의 변화는 사람의 지혜로운 말에 있는 것이 아니라 성령의 역사로 되는 것입니다. 고린도전서 2장 4절에 보면 "내 말과 내 전도함이 설득력 있는 지혜의 말로 하지 아니하고 다만 성령의 나타나심과 능력으로 하여"라고 말씀합니다. 데살로니가전서 1장 5절에도 보면 바울이 데살로니가교회에 편지를 쓰면서 이렇게 고백합니다. "우리 복음이 너희에게 말로만 이른 것이 아니라 또한 능력과 성령과 큰 확신으로 된 것임이라" 복음이 단순히 말로만, 지식적으로 전달된 것이 아니라 성령의 능력과 성령이 주시는 큰 확신 속에서 선포되었다는 것입니다. 주의 성령께서 역사하시면 우리가 상상치 못하는 큰 증거가 있게 됩니다.

그러나 유대인들은 시기하여 저자의 어떤 불량한 사람들을 데리고 떼를 지어 성을 소동하게 하여 야손의 집에 침입하여 그들을 백성에게 끌어내려고 찾았으나 발견하지 못하매 야손과 몇 형제들을 끌고 읍장들 앞에 가서 소리 질러 이르되 천하를 어지럽게 하던 이 사람들이 여기도 이르매 야손이 그들을 맞아 들였도다 이 사람들이 다 가이사의 명을 거역하여 말하되 다른 임금 곧 예수라 하는 이가 있다 하더이다 하니 _사도행전 17:5~7

예수 그리스도의 빛이 밝혀지자 흑암 세력이 가만있지를 못했습니다. 사탄은 유대인들을 이용해서 빌립보에서처럼 사람들을 선동하고 여론을 조성해가면서 바울팀에게 누명을 씌웠습니다. 이들이 누명을 씌운 것이 무엇입니까? 바울팀이 '천하를 어지럽게 하던 사람들'이라는 것과 로마 황제 가이사의 명령을 거역하는 사람들이라는 것이었습니다.

 그런데 다른 한편으로 보면 3주간에 걸쳐 바울이 전한 복음이 얼마나 강력한 영향력을 입혔는지를 반증하는 장면이라고 볼 수 있습니다. 원래 천하를 어지럽게 하던 사람들이라는 표현은 '정치적인 선동과 혼란을 야기하는 사람들'이라는 부정적 의미를 가지고 있습니다. 그런데 영어 성경 킹제임스버전(KJV)에 보면 아주 사실적이고 영적으로 번역을 해놓았습니다. 바로 '세상을 뒤집어 놓은 사람들'이라는 것입니다. 한 마디로 현장에 영적 지각변동을 일으켰다는 것으로, 복음으로 그 현장을 완전히 뒤집어 놓은 것을 말합니다.

 바울팀을 통해 일어난 영적 지각변동의 흐름은 데살로니가교회 성도들의 삶으로 이어졌습니다. 3주간의 캠프를 통해 야손을 중심으로 세워진 데살로니가교회 성도들도 영적 지각변동을 일으키는 삶을 산 것입니다. 그 영향력이 얼마나 컸던지 데살로니가전서 1장 8절에 보면 이들의 믿음에 대한 소문이 각처에 퍼졌음을 알 수 있습니다. "주의 말씀이 너희에게로부터 마게도냐와 아가야에만 들릴 뿐 아니라 하나님을 향하는 너희 믿음의 소문이 각처에 퍼졌으므로 우리는 아무 말도 할 것이 없노라" 우리의 삶도 이처럼 영적 지각변동을 일으키는 삶이 되어야 합니다.

 여러분, 현장에서 담대하게 복음을 전하시기 바랍니다. 이를 통해 흑암 가득한 현장을 복음으로 완전히 뒤집어 놓는 절대 제자의 삶을 살아가게 되시기를 예수 그리스도의 이름으로 축복합니다.

**23**

## 평생 동역자!

¹ 그 후에 바울이 아덴을 떠나 고린도에 이르러 ² 아굴라라
하는 본도에서 난 유대인 한 사람을 만나니 글라우디오가
모든 유대인을 명하여 로마에서 떠나라 한 고로 그가 그 아
내 브리스길라와 함께 이달리야로부터 새로 온지라 바울이
그들에게 가매 ³ 생업이 같으므로 함께 살며 일을 하니 그
생업은 천막을 만드는 것이더라 ⁴ 안식일마다 바울이 회당
에서 강론하고 유대인과 헬라인을 권면하니라

_사도행전 18:1~4

Acts

사도행전 18장에는 한 부부가 등장합니다. 우리가 로마서 16장의 대표적인 중직자로 잘 알고 있는 브리스길라와 아굴라 부부입니다. 남편 아굴라는 흑해 연안의 본도 출신 디아스포라 유대인이었고, 브리스길라는 로마 귀족 출신이었습니다. 우리는 사도 바울이 로마 복음화를 이루어 나가는데 이 부부가 평생 동역자 역할을 한 것으로만 기억합니다. 로마서 16장 3~4절에도 보면 "그들은 내 목숨을 위하여 자기들의 목까지도 내놓았나니"라고 사도 바울이 자신을 위해 생명까지 내어놓을 수 있는 부부였다고 고백합니다. 한 마디로 이 부부가 동역자의 모델이었습니다. 그것도 어느 한 순간이 아니라 평생 동역자였습니다. 그런데 우리가 놓치지 말아야 할 것은 이렇게 전도자 바울과 평생 동역을 할 수 있었던 바탕에는 브리스가 부부가 서로 간에 평생 동역자 의식을 가지고 있었다는 사실입니다.

브리스길라는 브리스가의 애칭이고, 흔히 '브리스가 부부'라고 많이 표현합니다. 아굴라가 남편인데, 아내 이름으로 이 부부가 불리는 이유가 있습니다. 이 부부가 성경에 여섯 차례 언급되는데 네 번이나 브리스길라가 먼저 언급이 됩니다. 보통 남편의 이름을 먼저 기록하는데, 부인의 이름이 먼저 나온 것은 그녀가 더 활발히 사역했기 때문입니다. 그런데 이렇게 할 수 있었던 것은 남편 아굴라가 브리스길라의 사역을 전적으로 지원해 주었기 때문에 가능한 일이었습니다. 특히 브리스가 부부는 성경에서 언제나 나란히 언급됩니다. 이것은 그들이 복음을 위해 같은 신앙과 같은 목표를 가지고 평생 주 안에서 아름다운 부부의 모습을 간직하고 살았음을 보여주는 것입니다. 이처럼 브리스길라와 아굴라 부부는 서로가 서로에게도 평생 동역자였습니다. 비단 부부간뿐만 아니라 교회 안에서 성도와 성도 그리고 목회자와 성도간에도 평생 동역자라는 의식이 있어야 합니다. 복음 안에서 영적 한 가족으로서 서로에게 평생의 동역자가 되어 주시기를 바랍니다.

## 선교적 만남✍

지난 챕터에서는 사도 바울의 데살로니가 사역에 대해 살펴보았습니다. 3주간의 짧은 집중 전도캠프가 펼쳐졌던 이 사역을 통해 어떤 일이 벌어졌습니까? 현장을 뒤집어엎을 정도로 놀라운 증거가 일어났습니다. 그런데 유대주의자들은 이런 현장 변화를 보고 기뻐하기는커녕 오히려 저자의 불량한 사람들을 데리고 떼를 지어 바울팀을 잡으려고 했습니다. 이때 야손과 몇 형제들이 바울을 숨겨 주고 대신 붙잡혀 가는 일이 발생했습니다. 다행히 이들은 보석금을 내고 풀려났고, 그 밤에 데살로니가 형제들이 바울과 실라를 베뢰아로 보냈습니다.

베뢰아로 간 바울은 그곳 유대인 회당에서 또다시 복음을 증거했고, 헬라의 귀부인을 비롯하여 많은 사람들이 믿는 역사가 일어났습니다. 그런데 데살로니가에 있던 유대주의자들이 이 사실을 알고 가만히 있지 못하고, 베뢰아로 가서 거기에서도 무리를 움직여 소동을 일으킨 것입니다. 그래서 바울이 아덴으로 이동해서 복음을 증거하게 되었습니다. 아덴은 지금의 그리스 수도 아테네로 당시 헬라 문화의 중심지였고 지성과 철학의 도시로 유명했습니다. 학문 분야에서 둘째가라면 서러워할 정도였던 바울은 아덴에 가면서 많은 기대를 했을 것입니다.

그런데 아덴에 도착한 바울은 그 성에 우상이 가득한 것을 보고는 큰 분노가 치밀었습니다. 그래서 회당에서는 유대인과 경건한 사람들을 대상으로, 장터에서는 날마다 만나는 사람들과 변론을 했습니다. 그리고 유명한 철학자들과도 쟁론하면서 메시지를 전했는데, 유독 아덴에서는 증거가 적게 일어났습니다. 어떻게 보면 복음 선포가 아니라 자신의 학문적 배경을 바탕으로 이해시키려고 시도했지만, 그리스의 철학 사상으로 가득 찬 자들에게는 평행선을 그을 수밖에 없었던 것입니다. 물론 바울이 예수 그리스도와 부활에 대한 메시지를 전했고 그 도시의 관리와 여러 사람들이 믿음을 가지는 증거는 있었습니다. 하지만 교회가 세워지지는 못했습니다. 바울은 아덴에서의 안타까움을 뒤로 하고 고린도 지역으로 이동했습니다.

> 그 후에 바울이 아덴을 떠나 고린도에 이르러 아굴라라 하는 본도에서 난 유대인 한 사람을 만나니 글라우디오가 모든 유대인을 명하여 로마에서 떠나라 한 고로 그가 그 아내 브리스길라와 함께 이달리야로부터 새로 온지라 바울이 그들에게 가매 _사도행전 18:1~2

바울이 고린도에 갔을 때 브리스가 부부를 만나게 됩니다. 원래 이들은 로마에 살았는데, 로마 황제 글라우디오가 유대인 추방령을 내려 로마에 사는 유대인들이 다 로마를 떠나야 했습니다. 당시 로마에서는 유대교인과 기독교인 간의 논쟁이 많이 있었는데, 이것이 빌미가 되어 소동을 일으킨다는 명목으로 글라우디오 황제가 유대인들을 로마에서 추방시켰습니다. 브리스길라는 로마 귀족으로 로마에 남아 편안한 생활을 할 수 있었지만, 신앙을 지키기 위해 남편과 함께 고린도로 온 것입니다.

> 생업이 같으므로 함께 살며 일을 하니 그 생업은 천막을 만드는 것이더라 _사도행전 18:3

고린도에 정착한 브리스가 부부는 천막 사업을 했습니다. 당시 천막은 다양한 용도로 사용되었는데, 특히 로마 군대가 전쟁을 하거나 주둔하기 위해 천막이 필요했습니다. 그 규모도 컸고, 당시 전쟁이 비일비재하게 있어서 천막 사업은 황금알을 낳는 사업이었습니다. 어떤 면에서 보면 로마에 본점이 있고, 고린도에 지점을 세운 것과 마찬가지였습니다. 그러면서 고린도로 온 바울을 만난 것입니다. 독특한 것은 바울도 천막을 만드는 기술을 가지고 있었다는 것입니다. 유대인 부모들은 자녀에게 물고기를 주는 것이 아니라 물고기 잡는 법을 알려줍니다. 다시 말해 평생 살아갈 수 있는 직업 훈련을 시켰는데, 바울은 천막 만드는 기술을 전수받은 것입니다.

그런데 우리가 영적인 눈을 열고 보아야 할 것이 있습니다. 이 모든 게 하나님의 놀라운 선교 계획이었고, 하나님께서 예비하신 선교적 만남이었다는 것입니다. 바울과 브리스가 부부 모두가 천막 만드는 업을 가지고 있었고, 하필이면 바울이 고린도로 오기 직전에 브리스가 부부가 로마에서 추방을 당해 고린도로 왔다는 것입니다. 그냥 우연이겠습니까? 전혀 아닙니다. 하나님의 놀라운 섭리입니다. 하나님의 자녀에게는 우연이 없고 모든 것이 필연입니다. 모든 것이 다 하나님의 절대 계획 속에 있다는 사실을 분명히 깨달으시기 바랍니다.

## 훈련된 제자 ✎

안식일마다 바울이 회당에서 강론하고 유대인과 헬라인을 권면하니라 _사도행전 18:4

바울은 주중에는 천막 만드는 일을 했고, 안식일마다 회당에서 복음을 증거했습니다. 이때 브리스가 부부가 늘 함께였습니다. 사도행전 18장 11절에 보면 바울이 고린도에서 1년 6개월간 사역을 했는데, 이 기간 동안 브리스가 부부는 바울과 같이 생활하면서 바울로부터 계속 팀사역을 받고, 현장 전도도 함께 하면서 영적 성장을 이루어갔습니다. 한마디로 훈련을 받은 것입니다. 특히 바울이 자신의 학식을 바탕으로 아덴에서 변론과 쟁론 중심으로 복음을 전하다가 어려움 겪었던 것을 교훈 삼아 고린도에서는 오직 예수 그리스도 외에는 다른 것을 말하지 않겠다고 다짐한 상태였습니다. 그렇기 때문에 브리스가 부부는 복음의 엑기스를 그대로 다 받아서 양육되었던 것입니다. 여기에 더해 바울의 그리스도를 향한 뜨거운 가슴, 현장을 향한 언약적 한도 그대로 전달받았습니다.

브리스가 부부가 얼마나 훈련을 잘 받고 확실한 복음의 망대가 세워졌는지는 사도행전 18장 24~28절에 잘 나와 있습니다. 24절을 보면 알렉산드리아 출신으로 언변이 좋고 성경에 능통한 학자였던 아볼로가 등장합니다. 그가 나름대로 구약 성경을 연구하고 열정을 가지고 예수를 전했습니다. 그런데 안타깝게도 그는 요한의 세례만 알고 있었지 예수가 그리스도라는 복음의 핵심에 대해서 깨닫지 못한 상태였습니다. 그래서 브리스가 부부가 조용히 아볼로를 불러 복음의 핵심을 정확하게 풀어 전달한 것입니다.

놀랍게도 아볼로는 자신의 위치나 학력 등과 상관없이 살아있는 복음을 듣고 그대로 받아들입니다. 그리고 아가야로 건너가 더 큰 증거를 보였습니다. 후에 바울을 대신하여 고린도교회에서 사역할 정도로 아볼로는 바울의 또 다른 동역자로서의 역할을 감당합니다. 이처럼 훈련된 제자가 정말 중요합니다. 여러분 한 사람이 훈련을 받고 변화가 되면 영적 파급효과가 엄청나다는 사실을 분명히 깨달아야 할 것입니다. 교회의 영적 흐름 속에서 예배와 훈련을 통해 현장 변화의 주역으로 성장해 나가시기를 바랍니다.

## 오직 복음의 견고한 망대

사도 바울의 제2차 선교여행은 사도행전 18장의 고린도 사역을 끝으로 마무리됩니다. 18~22절에 보면 바울이 안디옥으로 돌아가는 여정이 기록되어 있는데, 에베소를 거쳐 예루살렘으로 갔다가 안디옥으로 들어갑니다. 그런데 여기에 보면 독특한 표현이 나옵니다. 바로 브리스가 부부가 바울과 함께 에베소로 이주했다는 것입니다. 브리스가 부부는 앞으로 바울의 제3차 선교여행의 중심지가 될 에베소에 거주하면서 바울의 사역을 준비했습니다. 그리고 에베소에서 5년간 거주한 이후 바울의 로마 사역을 준비하기 위해 로마로 먼저 들어갔습니다. 그만큼 바울과 평생 동역을 한 것입니다.

이것이 가능했던 이유가 있습니다. 바로 이 부부의 삶 속에 오직 복음으로 견고한 망대가 세워져 있었기 때문입니다. 영적으로 볼 때 브리스가 부부는 삶의 기승전결이 예수 그리스도였습니다. 모든 것이 '기승전 예수', '기승전 그리스도'였습니다. 그래서 평생 변하지 않고 일심, 전심, 지속으로 쓰임받았던 것입니다. 여러분의 삶도 '기승전 예수', '기승전 그리스도'가 되기를 바랍니다. 이를 통해 여러분 모두가 평생 동역자의 참된 모델이 되시기를 예수 그리스도의 이름으로 축복합니다.

# 24 이 시대의 두란노 서원

8 바울이 회당에 들어가 석 달 동안 담대히 하나님 나라에 관하여 강론하며 권면하되 9 어떤 사람들은 마음이 굳어 순종하지 않고 무리 앞에서 이 도를 비방하거늘 바울이 그들을 떠나 제자들을 따로 세우고 두란노 서원에서 날마다 강론하니라 10 두 해 동안 이같이 하니 아시아에 사는 자는 유대인이나 헬라인이나 다 주의 말씀을 듣더라

_ 사도행전 19:8~10

Acts

# 누구나 다 주의 말씀을 듣는 증거

사도행전 19장에는 사도 바울의 제3차 선교여행의 주무대였던 에베소 사역이 구체적으로 기록되어 있습니다. 바울이 5년간의 제3차 선교여행 중 3년을 머물며 사역했을 정도로 에베소는 선교전략적 요충지였습니다. 사실 제2차 선교여행 시 바울은 에베소에 잠시 들러 유대인 회당에서 복음을 증거했습니다. 이때 여러 사람이 거기에 더 머물기를 바울에게 요청했지만, 하나님의 뜻이라면 에베소에 다시 올 것이라고 말하면서 브리스가 부부만 남겨두고 떠났습니다. 그리고 3차 선교여행을 하면서 이 지역으로 다시 온 것입니다.

당시 에베소는 세계적인 무역도시였으며, 로마의 지배 아래 있던 소아시아의 수도였습니다. 화려하고 번성한 도시였으며 교통과 상업의 중심지였습니다. 그런데 영적으로는 아주 혼탁한 곳으로, 우상과 미신이 가득 차 있었던 도시였습니다. 한마디로 흑암 문화가 견고하게 망대를 세운 창세기 3장, 6장, 11장의 현장이었던 것입니다.

그래서 사도 바울은 에베소교회에 보내는 편지였던 에베소서를 통해 영적 싸움을 해야 한다는 사실을 반복적으로 강조했습니다. 당시뿐만 아니라 지금도 우리는 이 세상의 흑암 문화, 우상 문화의 견고한 망대를 무너뜨리는 영적 싸움을 해야 합니다. 사도행전 19장에는 이렇게 영적 싸움을 싸워 승리하는 구체적인 방법이 나와 있습니다. 그것은 바로 사도 바울이 두란노 서원을 중심으로 진행한 사역이었습니다. 바울은 무려 2년간이나 두란노 서원에서 강론을 했습니다. 이곳은 많은 사람들이 모여서 강의를 들을 수 있는 공공장소였는데 바울은 두란노 서원의 정규 강의가 없는 시간에 이 장소를 빌려서 전도 집회, 말씀 집회를 하였습니다. 어떻게 보면 바울 선교 사역의 절정기로 볼 수 있는데, 아시아 일대에 복음이 전파되면서 에베소교회만이 아니라 골로새교회와 요한계시록에 기록된 소아시아의 일곱 교회가 이 기간에 세워지게 되었습니다. 오늘날의 교회가 이런 두란노 서원의 역할을 해야 합니다. 여러분 한 분 한 분이 두란노 서원 사역자가 되어야 하는 것입니다. 그래서 우리가 사는 지역과 민족, 전 세계에 사는 자는 누구나 다 주의 말씀을 듣는 증거가 있도록 언약적 도전을 하는 것이 우리에게 주어진 마지막 미션이라는 사실을 잊지 마시기 바랍니다.

## 집중적인 말씀 운동 ✍

아볼로가 고린도에 있을 때에 바울이 윗지방으로 다녀 에베소에 와서 어떤 제자들을 만나 이르되 너희가 믿을 때에 성령을 받았느냐 이르되 아니라 우리는 성령이 계심도 듣지 못하였노라 _사도행전 19:1~2

사도 바울이 제3차 선교여행을 출발한 것은 주후 53년 봄이었습니다. 디모데와 함께 안디옥을 출발해서 제2차 선교여행 때처럼 육로로 북쪽으로 이동합니다. 사도행전 18장 23절에 보면 바울팀이 갈라디아와 브루기아 땅을 차례로 다니면서 모든 제자를 굳건하게 하였다고 밝히고 있습니다. 바울 선교 여정의 특징 중 하나는 자신이 다녀왔던 곳을 또다시 방문하면서 그들을 영적으로 굳건히 세우는 사역을 했다는 것입니다. 바울은 자신이 복음의 씨를 뿌리고 난 후 그것을 내버려 두는 것이 아니라, 어떻게 해서든 그들이 올바로 자랄 수 있도록 했습니다. 자신이 갈 수 있으면 가고, 가지 못하면 다른 사역자를 보냈고, 그것도 안 되는 상황이면 서신을 보내서 영적 양육을 했습니다.

바울은 이렇게 굳건히 하는 사역을 하면서 에베소에 도착했을 때 여기서 어떤 제자들을 만납니다. 그런데 이들은 성령에 대해서도, 주 예수의 이름으로 베푸는 세례에 대해서도 알지 못하고 오직 요한의 세례만 알고 있었습니다. 요한의 세례만을 알았다는 것은 죄를 회개하는 것, 자신의 잘못을 깨닫고 죄를 뉘우치는 단계까지만 알고 있다는 것입니다. 이들은 예루살렘에서 있었던 오순절 마가 다락방 성령 강림에 대해서도 전혀 알지 못했습다. 당시는 지금처럼 인터넷이 발달한 것도 아니고, 소식이 느려도 한참 느렸던 것입니다. 그런데 지금 시대도 이런 사람들이 있는데, 5천 종족이 그들입니다. 그래서 우리가 237나라 5천 종족 복음화를 향해 언약적 도전을 하는 것입니다.

우리가 잘 보아야 할 것이 이처럼 죄를 뉘우치는 것을 가지고 그리스도인이 되었다고 할 수는 없습니다. 죄를 뉘우치는 것은 다른 종교도 다 합니다. 그래서 성경이 말하는 진정한 회개는 죄를 뉘우치는 것과 함께 완전히 하나님께로 돌아오는 것을 말합니다. 그 방법이 바로 내가 죄인임을 고백하고 예수 그리스도를 내 인생의 주인으로 모셔 들이는 것입니다. 이것을 가리켜 영접이라고 합니다. 사도행전 19장 5절의 표현대로 하자면 주 예수의 이름으로 세례를 받는 것입니다. 이렇게 될 때 주의 성령께서 내주하시게 됩니다. 이것을 성령 세례라고 합니다.

그런데 당시에는 지금처럼 기록된 말씀으로 이 영적 사실을 알 수 있는 상황이 아니었습니다. 그래서 성령이 임하는 표식으로 방언도 하고 예언도 하게 되었던 것입니다. 하지만 지금은 하나님의 말씀으로 정확하게 알 수 있도록 했기 때문에 꼭 방언을 하고, 뭔가 뜨거워져야 성령을 받은 것이 아닙니다. 그럴 수도 있지만 그렇지 않더라도 성령받았다는 것을 전혀 의심해서는 안 됩니다. 요한복음 1장 12절을 보면 "영접하는 자 곧 그 이름을 믿는 자들에게는 하나님의 자녀가 되는 권세를 주셨으니"라고 하였고, 고린도전서 3장 16절에는 "너희는 너희가 하나님의 성전인 것과 하나님의 성령이 너희 안에 계시는 것을 알지 못하느냐"라고 되어 있습니다. 영접이 곧 하나님의 자녀가 되는 것이고, 그것이 곧 성령이 내주하는 것입니다. 사도행전 19장 7절에 보면 예수 그리스도 이름으로 세례를 받았던 사람들이 열두 명이었음을 밝히고 있는데, 이들은 후에 에베소교회의 일꾼이 되었습니다. 이들 가운데 바울이 로마서 16장 5절에 '아시아에서 그리스도께 처음 맺은 열매'로 소개하고 있는 에베네도가 있었을 것으로 추정합니다. 바울은 이 일이 있은 후에 에베소에 있던 유대인의 회당에 들어가 석 달 동안 담대히 하나님 나라에 관하여 강론하며 권면을 했습니다.

바울이 회당에 들어가 석 달 동안 담대히 하나님 나라에 관하여 강론하며 권면하되 어떤 사람들은 마음이 굳어 순종하지 않고 무리 앞에서 이 도를 비방하거늘 바울이 그들을 떠나 제자들을 따로 세우고 두란노 서원에서 날마다 강론하니라 _사도행전 19:8~9

바울이 전한 메시지를 잘 받는 사람도 있었지만, 마음이 굳어 순종하지 않고 오히려 복음 증거를 방해하는 세력들이 생겨났습니다. 이때 바울은 중대한 결단을 했습니다. 그들과 논쟁하고 토론하고 싸우기보다는 조용히 그들을 떠나 새로운 전략으로 현장을 파고 들어갔습니다. 그것이 바로 두란노 서원 전략입니다. 바울은 제자들을 따로 세워서 두란노 서원에서 날마다 강론했습니다. 강론을 했다는 말은 선생님이 강의하듯 뜻을 풀어 설명했다는 것입니다. 다시 말해 구약 성경을 인용하면서 예수 그리스도에 대한 메시지를 한 것입니다. 이것을 2년 동안 지속하니까 아시아에 사는 자가 다 주의 말씀을 듣게 되는 큰 역사가 일어났습니다. 집중적인 말씀 운동을 통해 현장에 그리스도의 견고한 망대가 세워진 것입니다.

 우리는 바울의 두란노 서원 사역을 통해 말씀 운동의 중요한 원리를 발견할 수 있습니다. 첫째가 지속적으로 양육할 수 있도록 정해진 시간과 정해진 장소가 있어야 한다는 것입니다. 서방 사본에 의하면 바울이 오전 11시부터 오후 4시까지 두란노 서원에서 강론을 했다고 합니다. 사실 이 시간은 '시에스타'라고 하는 낮잠 시간이었습니다. 너무 더워서 이 시간은 일상 활동이 정지되는 상황이었지만, 바울은 이 시간을 활용해 말씀 운동을 펼쳐나갔습니다. 정해진 시간에 두란노 서원에만 가면 바울의 메시지를 들을 수 있다는 말들이 에베소 전역으로 퍼졌을 것입니다. 우리의 지역과 직장, 사업장, 학교 현장에 이런 두란노 서원이 세워져야 합니다. 매주 무슨 요일 몇 시에 그곳에만 가면 생명이 살아나는 메시지를 들을 수 있다는 소문이 흘러나야 합니다.

 둘째로는 바울과 같이 지속할 수 있는 메신저가 있어야 합니다. 바울은 날마다 그것도 2년 동안 계속 말씀을 강론했습니다. 메시지가 없이는 될 수 없는 것입니다. 핵심은 분명 예수 그리스도였지만 구약의 말씀을 인용하면서 다양하게 적용을 해 주었을 것입니다. 특히 선교 현장에서 경험했던 알토란같은 간증들이 거기에 곁들여지면서 두란노 서원에 왔던 자들은 사실적인 응답을 받았을 것입니다. 여러분도 이런 말씀 사역자로 성장하게 되기를 바랍니다. 심리학자 매슬로는 "사람의 가장 아름다운 모습은 자기 안에 잠재적 역량을 실현하는 것이다"라고 했습니다. 여러분 안에는 무궁무진한 영적 역량이 잠재되어 있다는 사실을 믿으시기 바랍니다. 현장에는 여러분이 들은 그 말씀, 여러분이 받은 그 은혜를 나눌 때 살아날 영혼이 반드시 예비되어 있습니다. 말씀 운동의 현장에서 그 역량을 실현하여 여러분의 영적 존재감을 마음껏 나타내시기를 바랍니다.

# 흥왕하는 주의 말씀

바울이 집중적인 말씀 운동을 펼쳐나가자 현장에 놀라운 역사가 일어났습니다. 사도행전 19장 11절 이후에 보면 바울을 통하여 악귀가 떠나가고 각종 질병이 치유되는 증거가 일어났습니다. 그러자 유대의 한 제사장 스게와의 일곱 아들이 바울이 전하는 예수 이름을 빙자해서 귀신을 쫓아내려고 시도했다가 큰 조롱과 봉변을 당하는 장면이 나옵니다.

> 유대의 한 제사장 스게와의 일곱 아들도 이 일을 행하더니 악귀가 대답하여 이르되 내가 예수도 알고 바울도 알거니와 너희는 누구냐 하며 악귀 들린 사람이 그들에게 뛰어올라 눌러 이기니 그들이 상하여 벗은 몸으로 그 집에서 도망하는지라 _사도행전 19:14~16

귀신이 "예수도 알고, 바울도 안다"고 말합니다. 귀신이 예수님을 믿지는 않지만, 알기는 압니다. 이런 귀신들한테 조롱당하는 믿음을 가지고 있어서는 안 되는 것입니다. 복음은 모방되지 않습니다. 가짜 꽃을 진짜 꽃처럼 보이게 속일 수는 있어도 향기도 없고 열매도 없는 것입니다. 교회 다니는 것이 중요한 것이 아니라 제대로 믿는 것이 중요합니다. 하나님의 나라는 말에 있지 아니하고 오직 능력에 있습니다.

 사도행전 19장 17절 이후에 보면 에베소에 사는 유대인과 헬라인들이 스게와 아들들의 사건을 보고 영적 각성이 일어났습니다. 이들이 이중적인 신앙을 버리고 온전한 신앙인으로 돌아오게 된 것입니다. 그리고 마술을 행하던 많은 사람이 만든 부적, 주문, 그것을 설명하는 내용들이 담겨 있는 책을 모아 가지고 와서 모든 사람 앞에서 불살랐습니다. 이것은 에베소에 견고하게 세워졌던 사탄의 망대가 무너졌다는 것을 의미합니다. 그만큼 복음 가진 여러분 한 사람이 중요하고, 지속적인 말씀 운동이 중요하다는 것입니다.

 바울의 두란노 서원 말씀 운동은 단순히 에베소 지역에만 영향력을 입힌 것이 아니었습니다. 두란노 서원에서 지속적으로 말씀 운동을 하자 에베소를 중심으로 한 소아시아 지역에 복음이 전파되게 되었습니다. 각 지역에서 에베소로 모여든 많은 사람들이 바울의 두란노 서원 강론을 듣게 되었습니다. 복음을 들은 자들이 변화되어 자신들이 사는 지역으로 가서 교회를 세웠습니다. 이 두란노 서원 사역을 통해서 골로새교회를 비롯해 소아시아 일곱 교회인 에베소, 라오디게아, 서머나, 버가모, 두아디라, 사데, 빌라델비아 교회들이 세워진 것입니다. 한마디로 말씀의 능력이 현장에 나타났습니다.

 사도행전 19장 20절에 보면 "주의 말씀이 힘이 있어 흥왕하여 세력을 얻으니라"고 밝히고 있습니다. 주의 말씀의 능력으로 현장이 변화되었으며 흑암이 꺾이고 하나님의 나라가 임했다는 것입니다. '예수가 그리스도, 인생 모든 문제 해결자 되신다'는 유일성의 복음, 오직 그리스도, 오직 하나님의 나라, 오직 성령 충만의 영적 흐름을 따라 올인, 집중할 때 현장에 빛의 망대, 그리스도의 망대가 견고하게 세워지게 된다는 사실을 분명히 깨달으시기 바랍니다.

'박세리 키즈'라는 말이 있습니다. 박세리는 우리나라 여자 골프를 대표하는 선수로, 1998년 US여자오픈에서 맨발 투혼으로 우승하면서 전 국민에게 큰 감동을 주었습니다. 당시 우리나라는 IMF 외환위기 가운데 있었는데, 국민들에게 큰 위로를 준 것입니다. 이 당시 박세리 같은 선수가 되기 위해 골프에 입문한 선수들이 많았는데, 그들도 미국 LPGA에 진출해 많은 우승을 하면서 센세이션을 일으켰습니다. 그들을 가리켜 박세리 키즈라고 합니다. 우리는 영적으로 '사도 바울 키즈'가 되어야 합니다. 그가 가졌던 오직 그리스도 중심의 삶, 현장을 향한 언약적 한을 가지고 우리도 현장을 회복해 나아가야 한다는 것입니다. 모든 독자 여러분이 사도 바울 키즈가 되어 현장 회복의 주역으로 당당히 서게 되시기를 예수 그리스도의 이름으로 축복합니다.

# 25

# 무엇으로 행복하십니까?

17 바울이 밀레도에서 사람을 에베소로 보내어 교회 장로들을 청하니 18 오매 그들에게 말하되 아시아에 들어온 첫날부터 지금까지 내가 항상 여러분 가운데서 어떻게 행하였는지를 여러분도 아는 바니 19 곧 모든 겸손과 눈물이며 유대인의 간계로 말미암아 당한 시험을 참고 주를 섬긴 것과 20 유익한 것은 무엇이든지 공중 앞에서나 각 집에서나 거리낌이 없이 여러분에게 전하여 가르치고 21 유대인과 헬라인들에게 하나님께 대한 회개와 우리 주 예수 그리스도께 대한 믿음을 증언한 것이라 22 보라 이제 나는 성령에 매여 예루살렘으로 가는데 거기서 무슨 일을 당할는지 알지 못하노라 23 오직 성령이 각 성에서 내게 증언하여 결박과 환난이 나를 기다린다 하시나 24 내가 달려갈 길과 주 예수께 받은 사명 곧 하나님의 은혜의 복음을 증언하는 일을 마치려 함에는 나의 생명조차 조금도 귀한 것으로 여기지 아니하노라 _사도행전 20:17~24

# 하나님께서 주신 천명, 소명, 사명

여러분은 무엇으로 행복하십니까? 사도행전 20장에는 사도 바울의 마지막 선교여행이었던 3차 선교여행이 마무리되는 내용이 기록돼 있는데 그가 무엇으로 행복했는지에 대한 내용이 나옵니다. 바울은 자신의 선교 사역에서 최절정기라 할 수 있는 에베소 두란노 서원 사역을 2년간 지속했습니다. 사도행전 19장 21절을 보면 사도 바울이 두란노 서원 사역을 마친 후에 이런 결단을 했습니다. "이 일이 있은 후에 바울이 마게도냐와 아가야를 거쳐 예루살렘에 가기로 작정하여 이르되 내가 거기 갔다가 후에 로마도 보아야 하리라 하고" 당시 사도 바울이 품었던 선교 목표는 로마복음화로, 그것은 하나님께서 바울에게 주신 천명이었습니다. 그래서 바울은 3차 선교여행을 마치면서 예루살렘으로 간 후에 로마를 향해 나아갈 계획을 세운 것입니다.

사도행전 21장 4절에 보면 제자들이 바울에게 예루살렘으로 가면 분명히 체포될 것이라고 걱정하면서 가지 말라고 했습니다. 하지만 바울은 그것을 통해 로마로 갈 수 있음을 알고 전혀 주저하지 않았습니다. 로마시민권자인 바울에게는 로마 황제 가이사에게 항소할 수 있는 권리가 있었습니다. 그것을 활용하면 자연스럽게 로마로 갈 수 있었던 것입니다. 사도 바울의 모든 생각과 관심, 행동의 초점은 하나님께서 자신에게 주신 천명, 소명, 사명을 완수하는 삶이었습니다.

이런 바울의 선교 여정을 보면서 바울의 참 행복을 한 문장으로 요약할 수 있습니다. 사도 바울은 하나님께서 주신 천명, 소명, 사명을 감당하면서 진정한 행복을 맛보았다는 것입니다. 다메섹 도상에서 부활하신 주님을 만난 이후 그의 삶은 중단 없는 도전이었습니다. 그것을 가능하게 했던 것이 주의 일을 한다는 행복감이었습니다. 하나님께서 주신 천명, 소명, 사명으로 행복했기에 그는 일심, 전심, 지속할 수 있었던 것입니다.

## 주를 섬기는 행복

바울이 밀레도에서 사람을 에베소로 보내어 교회 장로들을 청하니 _사도행전 20:17

바울은 지금 제3차 선교여행을 마무리하면서 예루살렘으로 돌아가는 중이었습니다. 가는 도중에 밀레도 항구에 닿자마자 거기서 약 50km 떨어진 에베소교회에 사람을 보내서 에베소교회 장로들을 오라고 초청했습니다. 그리고 그들을 향해 고별 설교를 한 내용이 바로 사도행전 20장 17절부터 35절까지의 말씀입니다. 28절에 보면 하나님께서 맡겨 주신 온 양 떼를 위하여 영적으로 깨어 있을 것을 강조합니다. "여러분은 자기를 위하여 또는 온 양 떼를 위하여 삼가라 성령이 그들 가운데 여러분을 감독자로 삼고 하나님이 자기 피로 사신 교회를 보살피게 하셨느니라" 에베소교회 장로들에게 중직자로서 교회의 주인과 같은 자세로 세밀하고 온 마음을 다해 사역하라고 권면한 것입니다.

영국 속담에 이런 말이 있습니다. "주인 한 사람의 눈은 종 열 사람의 눈보다 밝다." 무슨 말입니까? 주인은 책임 의식을 가지고 보는 것이고, 종은 책임 의식 없이 보니까 보이질 않는 것입니다. 우리가 어떤 자세로 사느냐에 따라 그 결과는 하늘과 땅 차이입니다. 교회에서나 직장이나 사업장에서 주인의식을 가지는 것이 정말 중요합니다. 보는 것과 생각하는 것이 달라지고, 그것이 성장으로 이어지게 됩니다.

사도 바울은 자신이 에베소에서 어떤 자세로 사역했는지 사도행전 20장 34~35절에 강조합니다. "여러분이 아는 바와 같이 이 손으로 나와 내 동행들이 쓰는 것을 충당하여 범사에 여러분에게 모본을 보여준 바와 같이 수고하여 약한 사람들을 돕고 또 주 예수께서 친히 말씀하신 바 주는 것이 받는 것보다 복이 있다 하심을 기억하여야 할지니라" 막연하게 입으로만 하는 권면이 아니라, 바울은 직접 삶으로 이들을 가르쳤던 것입니다. 그리고 그것을 에베소교회 장로들이 직접 보지 않았느냐는 말입니다.

사도 바울은 오전 11시부터 오후 4시까지 다른 사람이 낮잠 자는 시간에 두란노 서원 사역을 했습니다. 그리고 그 앞뒤 시간에 생활을 위해 천막 만드는 일을 계속했습니다. 사실 말이 쉽지, 이것이 보통 일이 아니었습니다. 그런데 바울은 이 사역을 기쁨과 감사함으로 행했습니다. 그 안에서 행복을 찾았기에 지속할 수 있었던 것입니다. 바울은 이런 사역 자세를 가리켜 '주를 섬기는 사역'이라고 밝히고 있습니다.

> 오매 그들에게 말하되 아시아에 들어온 첫날부터 지금까지 내가 항상 여러분 가운데서
> 어떻게 행하였는지를 여러분도 아는 바니 곧 모든 겸손과 눈물이며 유대인의 간계로 말미암아
> 당한 시험을 참고 주를 섬긴 것과 _사도행전 20:18~19

바울의 사역 자세는 항상 주를 섬기는 자세였습니다. 여기에서 참된 행복을 맛본 것입니다. 사실 주를 섬기는 자세가 되어 있으면 어떤 형편에 처하든지, 어떤 사람을 만나든지, 모든 일이 쉽게 풀려나갑니다. 앞의 성경

말씀을 보면 바울이 주님을 어떻게 섬겼는지 세 가지로 말하고 있습니다.

첫째로 모든 겸손, 온전한 겸손으로 섬겼다고 합니다. 겸손에 대해 우리는 많은 오해를 합니다. 뭔가 뒤로 빼고 사양하는 것이 겸손이라고 생각을 하는데, 성경적 겸손은 그것이 아닙니다. 성경적 겸손의 모델은 예수 그리스도이십니다. 빌립보서 2장 5~11절에 보면 원래 하나님이셨던 예수님이 육신의 옷을 입고 그것도 종의 형체로 이 땅에 오셨습니다. 그리고 우리의 모든 죄를 담당하시기 위해 십자가에 죽으셨습니다. 나는 없고 하나님의 뜻만을 온전히 따르신 것입니다. 창세기 3장의 나 중심적 삶이 되면 겸손할 수 없습니다. 우리는 오직 그리스도만 드러내는 갈라디아서 2장 20절의 삶을 살아야 합니다. 그래서 다른 사람을 살리는 자리로 나아가는 것이 성경적 겸손입니다. 여기에 참 행복이 있는 것입니다.

둘째로 바울은 눈물로 주님을 섬겼다고 고백합니다. 머리로만 이해하면 결코 눈물이 나오지 않습니다. 가슴으로 이해할 때 나오는 것입니다. 말씀을 들어도 가슴으로 들어야지 성령의 감동이 임합니다. 지식적으로만 받아들이면 아무 변화가 없게 되어 있습니다. 바울은 예수 그리스도를 생각만 해도 감동이 되어 눈물을 흘렸습니다. 현장의 죽어가는 영혼들을 바라보며 눈물을 흘렸습니다. 마치 예수님께서 무너질 예루살렘을 바라보며 애통해 하셨던 그 가슴을 가지고 현장 사역을 한 것입니다. 바울의 가슴 속에는 동족 유대인들을 향한 언약적 한이 있었습니다. 동족 유대인들을 바라보면서 "왜 저렇게 깨닫지를 못합니까!"라고 애통해 했던 것입니다. 여러분 가운데도 이런 눈물을 가지고 계신 분들이 있을 것입니다. 남편, 아내, 자녀, 부모, 형제자매가 믿지 않는 분들은 특히 더할 것입니다. 사도행전 16장 31절의 "주 예수를 믿으라 그리하면 너와 네 집이 구원을 받으리라"라는 말씀을 붙잡고 눈물로 기도하시기 바랍니다.

마지막으로 사도 바울은 각종 문제와 시험을 초월하여 주님을 섬겼습니다. 바울은 소망의 인내를 가지고 모든 핍박과 고난을 넘어섰습니다. 억지로 버틴 것이 아니었습니다. 바울은 장차 자신에게 임할 큰 상급, 영광과 생명의 면류관을 바라보며 기뻐할 수 있었던 것입니다. 바라보는 것이 다르니 오히려 자신을 핍박하는 유대인들이 불쌍하게만 보인 것입니다. 영원한 것에 소망을 둔 사람은 서론에 매이지 않습니다. 그리스도 예수 안에 있는 그 놀라운 보화를 맛보며 참 행복을 체험하는 것입니다.

## 복음 전도의 행복

유익한 것은 무엇이든지 공중 앞에서나 각 집에서나 거리낌이 없이 여러분에게 전하여 가르치고 유대인과 헬라인들에게 하나님께 대한 회개와 우리 주 예수 그리스도께 대한 믿음을 증언한 것이라 _사도행전 20:20~21

여기서 '유익한 것'은 '생명 살리는 구원의 복음'을 의미합니다. 사도 바울의 관심은 오직 복음을 전하고 가르치는 것이었습니다. 어떤 장소, 어떤 환경, 누구를 만나더라도 예수 그리스도의 복음을 전파하고 가르치는 사역에 모든 관심을 두고 있었습니다. 특히 바울은 거리낌이 없이 복음을 증거했음을 강조하고 있습니다. '거리낌이 없이'는 원어적으로 구원에 필요한 모든 것을 삭감이나 은폐함이 없이 담대히 다 증거하였음을 의미합니다. 오직 예수만이 그리스도이시며, 유일한 구원의 길이 되신다는 사실을 온전히 증거한 것입니다. 바울은 이 복음을 증거하면서 변화되는 수많은 영혼들을 바라보며 참된 행복을 체험했습니다. 한마디로 복음 전도의 행복이었던 것입니다.

보라 이제 나는 성령에 매여 예루살렘으로 가는데 거기서 무슨 일을 당할는지 알지 못하노라 오직 성령이 각 성에서 내게 증언하여 결박과 환난이 나를 기다린다 하시나 _사도행전 20:22~23

바울은 지금 성령의 매임, 성령의 강권적인 인도하심을 받아 예루살렘으로 가고 있다고 말을 하고 있습니다. 바울은 성령을 통해 중요한 한 가지 사실을 알고 있었습니다. 예루살렘에 가면 선교 사역을 잘 마쳤다는 환영과는 정반대의 상황, 많은 환난과 핍박이 기다린다는 것이었습니다. 어쩌면 순교까지도 각오하고 가는 바울이었습니다. 그러나 바울은 다음 성경 말씀에서 이런 순교까지도 각오한 신앙의 결단과 언약적 도전을 가슴 절절히 고백합니다.

내가 달려갈 길과 주 예수께 받은 사명 곧 하나님의 은혜의 복음을 증언하는 일을 마치려 함에는 나의 생명조차 조금도 귀한 것으로 여기지 아니하노라 _사도행전 20:24

그는 일사각오의 자세로 오직 복음 전파를 위해서 생을 걸었습니다. 바울이 얼마나 이 사명을 온전히 감당했는지는 다음 말씀에 자세히 나옵니다.

그러므로 오늘 여러분에게 증언하거니와 모든 사람의 피에 대하여 내가 깨끗하니 이는 내가 꺼리지 않고 하나님의 뜻을 다 여러분에게 전하였음이라 _사도행전 20:26~27

무슨 말입니까? "모든 사람의 피에 대하여 내가 깨끗하다."라는 이 말은 아무나 할 수 있는 말이 아닙니다. 사도 바울은 에스겔 3장 17~21절의 내용을 인용해 이 표현을 썼습니다. 어떤 사람에게 예수 그리스도의 복음을 증거했는데, 그 사람이 믿고 안 믿고는 그 사람의 문제이지만, 내가 전도하지 않아서 그 사람이 지옥에 갔다면 그것은 내 책임이라는 것입니다. 이는 전도의 당연성, 필연성, 절대성이 담긴 메시지입니다. 복음주의 신학자이자 목회자였던 존 스토트 목사는 "교회는 명령을 받았다. 전도하지 않는 것은 불순종이다."라고 말했습니다. 사실 예수님께서 지상 사역을 마치시고 부활 승천하시면서 마지막으로 남기신 말씀이 전부 다 전도와 선교의 명령이었습니다.

우리가 주의 일을 위해, 복음 전도를 위해 생명 건 헌신, 생명 살리는 헌신을 하게 되면 우리에게는 이 땅의 것과는 비교할 수 없는 놀라운 축복과 상급이 기다리고 있습니다. 사도 바울도 로마서 8장 18절에서 "생각하건대 현재의 고난은 장차 우리에게 나타날 영광과 비교할 수 없도다"라고 고백합니다. 여러분, 행복으로 충만하여 언약의 여정을 가시기 바랍니다. 복음을 전할 때 현장이 변화되는 것을 보며 기쁘고 행복하게 신앙생활을 해야 합니다. 모든 독자 여러분이 이러한 성경적 행복의 전령사가 되시기를 예수 그리스도의 이름으로 축복합니다.

# 26

# 예수에 미친 바울!

²⁴ 바울이 이같이 변명하매 베스도가 크게 소리 내어 이르되 바울아 네가 미쳤도다 네 많은 학문이 너를 미치게 한다 하니 ²⁵ 바울이 이르되 베스도 각하여 내가 미친 것이 아니요 참되고 온전한 말을 하나이다 ²⁶ 왕께서는 이 일을 아시기로 내가 왕께 담대히 말하노니 이 일에 하나라도 아시지 못함이 없는 줄 믿나이다 이 일은 한쪽 구석에서 행한 것이 아니니이다 ²⁷ 아그립바 왕이여 선지자를 믿으시나이까 믿으시는 줄 아나이다 ²⁸ 아그립바가 바울에게 이르되 네가 적은 말로 나를 권하여 그리스도인이 되게 하려 하는도다 ²⁹ 바울이 이르되 말이 적으나 많으나 당신뿐만 아니라 오늘 내 말을 듣는 모든 사람도 다 이렇게 결박된 것 외에는 나와 같이 되기를 하나님께 원하나이다 하니라

_사도행전 26:24~29

# 오직 예수 ✍

 하나님 자녀 된 인생의 모습은 달라야 합니다. 세상의 서론이 아니라 본론 인생을 살아야 합니다. 그것이 바로 사도행전 1장 1, 3, 8절의 오직 그리스도, 오직 하나님의 나라, 오직 성령 충만한 삶입니다. 사도 바울은 빌립보서 3장 7~9절에서 "무엇이든지 내게 유익하던 것을 내가 그리스도를 위하여 다 해로 여길뿐더러 또한 모든 것을 해로 여김은 내 주 그리스도 예수를 아는 지식이 가장 고상하기 때문이라 내가 그를 위하여 모든 것을 잃어버리고 배설물로 여김은 그리스도를 얻고 그 안에서 발견되려 함이니"라고 신앙고백을 합니다.

 예수 그리스도 외에 다른 것은 전부 배설물로 여기겠다는 것입니다. 사실 바울만큼 세상적으로 내놓을 것이 많은 인물도 드물었습니다. 당시 누구나 갖고 싶어 했던 로마시민권자이고 지금으로 치면 박사학위만 몇 개가 될 정도였습니다. 유대교의 촉망받는 젊은 리더로 타의 추종을 불허하는 열심을 가지고 있었습니다. 그런데 부활하신 예수 그리스도를 만난 이후에 이 모든 것이 서론에 불과하다는 것을 깨달은 것입니다. 그 이후부터 바울의 삶은 180도 달라졌습니다. 한 마디로 사도 바울은 예수에 미친 삶을 살았습니다. 오직 예수 외에는 보이지 않았던 것입니다.

 부활하신 예수님으로부터 받은 천명, 소명, 사명을 감당하는 것이 사도 바울에게는 행복의 원천이었고, 지속의 힘이었습니다. 여러분도 이러한 바울의 삶을 통해 예수에 미친 삶이 무엇인지 답을 얻고 영적 영향력을 입히는 자리로 나아가게 되시기를 바랍니다.

# 예수님을 전염시킨 바울

바울이 이같이 변명하매 베스도가 크게 소리 내어 이르되 바울아 네가 미쳤도다 네 많은 학문이
너를 미치게 한다 하니 바울이 이르되 베스도 각하여 내가 미친 것이 아니요 참되고
온전한 말을 하나이다 -사도행전 26:24-25

지금 사도 바울은 당시 유대 총독이었던 베스도, 그리고 갈릴리와 레바논 지역을 통치하던 아그립바왕 앞에 서 있습니다. 당시 베스도가 유대 총독으로 부임한 지 얼마 되지 않았기에 아그립바왕이 새 총독의 부임을 축하하기 위해 가이사랴를 방문했습니다. 이때 축하 인사를 받는 자리에서 베스도가 가이사에게 상소한 바울에 대해 이야기를 했습니다. 그래서 호기심을 느낀 아그립바가 바울을 만나 그의 이야기를 들어보고 싶다고 해서 이 만남이 성사된 것이었습니다.

바울이 제3차 선교여행을 마무리하고 예루살렘으로 향할 당시 바울의 제자들은 예루살렘으로 가면 대제사장 무리들에게 체포될 것을 걱정하면서 예루살렘으로 올라가지 말라고 권했습니다. 사도행전 21장 13절을 보면 이때 바울이 "여러분이 어찌하여 울어 내 마음을 상하게 하느냐 나는 주 예수의 이름을 위하여 결박 당할 뿐 아니라 예루살렘에서 죽을 것도 각오하였노라"라고 답변했습니다.

바울의 일사각오 자세 앞에 제자들도 어찌하지를 못했고, 결국 주후 57년 오순절 직전에 예루살렘에 입성한 바울은 그곳에 있던 야고보와 예루살렘 교회의 장로들을 찾아가 선교 보고를 했습니다. 그 보고를 들은 예루살렘 교회 지도자들은 하나님께 영광을 올려드렸지만, 한편으로는 바울로 인해

생길 분쟁을 우려했습니다. 아니나 다를까 당시 오순절을 지키기 위해 각지에서 모여든 유대인들 가운데 소아시아에서 온 헬라파 유대인들이 바울을 알아 보았습니다. 그들은 바울이 모세의 율법을 지키지 않아도 된다고 말한 데다가, 이방인이었던 에베소 출신 드로비모를 성전에 데리고 들어가서 성전을 더럽혔다고 유언비어를 퍼뜨리면서 예루살렘의 유대인들을 충동질하였습니다.

이 소문은 삽시간에 퍼졌고 성난 유대인 군중들이 바울을 잡아 성전 밖으로 끌고 나가 그를 때려죽이려 했습니다. 그런데 다행스럽게 당시 성전 북서쪽에 있는 안토니아 요새에 주둔하고 있던 천부장 글라우디오 루시아가 소요 발생 소식을 듣고 급히 로마 군인을 이끌고 가서 바울을 구했습니다. 이후 바울은 자신이 로마시민권자임을 밝히고 공식적인 재판 절차를 밟게 되었고, 천부장은 바울을 당시 유대 총독이었던 벨릭스에게 보낸 것입니다.

천부장은 바울을 보내면서 유대인들의 고발을 보면 그들의 율법 문제에 관한 것뿐이고, 한 가지도 죽이거나 결박할 사유가 없다는 사실을 밝힌 내용의 편지를 함께 보냅니다. 그래서 벨릭스는 바울을 고발할 사람들이 오면 바울의 이야기를 들어보겠다고 합니다. 바울이 가이사랴에 온 지 닷새 후에 대제사장과 장로들, 변호사 더둘로가 함께 와서 고발합니다. 그 내용을 보면 독특한 내용이 나옵니다. 사도행전 24장 5절을 보면 "우리가 보니 이 사람은 전염병 같은 자라 천하에 흩어진 유대인을 다 소요하게 하는 자요 나사렛 이단의 우두머리라"라고 되어 있습니다. 이 말씀을 통해 바울이 전한 복음이 당시 세상에 얼마나 급속하게 전염병처럼 퍼지고 있었는가를 보여 줍니다. 흩어져 있던 디아스포라 유대인들이 다 그 영향을 받았다는 것입니다. 그 영향력이 얼마나 컸던지 바울을 죽이려고까지 한 것입니다. 바울의 삶은 한마디로 예수님을 전염시키는 삶이었습니다. 코로나19와 같은 세상의 전염병은 사람을 죽이는 역할을 하지만, 예수님이 전염되면 정반대로 생명이 살아나게 됩니다. 사주팔자 운명에서 완전히 벗어나고 영원한 생명을 얻게 되는 것입니다. 오직 예수 외에는 다른 길이 없기 때문에 사도 바울은 가장 앞장서서 이 사명을 감당하였습니다.

바울은 예루살렘에서 체포된 이후 죽음의 위기 가운데서도 성난 군중들 앞에서, 부활하신 예수님을 만나기 이전과 이후의 삶을 간증하면서 복음을 증거했습니다. 산헤드린 공회 앞에서도, 벨릭스 총독 앞에서도 바울은 변함이 없었습니다. 그리고 새롭게 부임한 베스도 총독과 아그립바왕 앞에서도 담대히 복음을 증거하였습니다. 얼마나 그 복음을 확실하고 당당하게 전했던지 베스도가 바울을 향해 미쳤다고 할 정도로 올인, 집중된 상태였습니다. 아그립바왕은 바울에게 짧은 시간에 몇 마디 말로 자신을 설득하여 그리스도인이 되게 하려 한다고 비꼬았습니다. 이때 바울이 이렇게 결정타를 날립니다.

바울이 이르되 말이 적으나 많으나 당신뿐만 아니라 오늘 내 말을 듣는 모든 사람도 다 이렇게 결박된 것 외에는 나와 같이 되기를 하나님께 원하나이다 하니라 _사도행전 26:29

정말 담대한 선포였습니다. 바울은 지금 죄수의 신분입니다. 그런데 전혀 거침이 없었습니다. 이렇게 죄수로 결박된 모습을 빼고는 자신과 같이 되라는 것입니다. 그만큼 바울은 '예수가 그리스도, 인생 모든 문제 해결자 되신다'는 참 복음을 누리고 있었습니다. 자신의 환경과 형편을 초월하여 예수 그리스도가 주는 구원의 기쁨과 평안, 참 행복을 당신들도 체험했으면 좋겠다는 것입니다. 얼마나 멋진 신앙의 고백입니까? 여러분도 바울처럼 예수님을 전염시키는 삶이 얼마나 큰 축복이고 행복인지 고백할 수 있게 되시기를 바랍니다.

## CVDIP 망대를 세운 바울

왕과 총독과 버니게와 그 함께 앉은 사람들이 다 일어나서 물러가 서로 말하되 이 사람은 사형이나 결박을 당할 만한 행위가 없다 하더라 이에 아그립바가 베스도에게 이르되 이 사람이 만일 가이사에게 상소하지 아니하였더라면 석방될 수 있을 뻔하였다 하니라

_사도행전 26:30~32

지금 로마법상으로는 바울이 아무런 잘못도 저지르지 않았음을 밝히고 있습니다. 만일 바울이 로마 황제 가이사에게 상소하지 않았다면 풀려날 수 있었다는 것입니다. 바울도 이 사실을 알고 있었을 것인데 그렇게 하지 않았습니다. 바울의 모든 초점은 CVDIP의 망대를 세우는 것에 맞춰져 있었기 때문입니다.

바울이 예수님으로부터 받은 언약, Covenant는 무엇이었습니까? 사도행전 9장 15절에 그 내용이 나옵니다. "주께서 이르시되 가라 이 사람은 내 이름을 이방인과 임금들과 이스라엘 자손들에게 전하기 위하여 택한 나의 그릇이라" 이는 70인 제자 아나니아가 바울을 팀사역하기 전에 예수님으로부터 전해 들은 바울을 향한 언약이었습니다. 사도 바울에게는 이것이 평생 언약이 되었습니다. 이방인과 유대인에게 복음을 전하기 위해 하나님께서 자신을 택하셨다는 것입니다.

그리고 이 언약 실현을 위한 Vision을 구체적으로 세웠고, 그것이 제1, 2, 3차 선교여행을 통한 소아시아, 마게도냐 복음화였습니다. 그리고 이어진 것이 바로 로마에까지 복음을 들고 가겠다는 로마 복음화의 비전이었습니다. 사도행전 19장에 보면 바울이 제3차 선교여행을 마무리하면서 자신이 예루살렘으로 갔다가 후에 로마도 보아야 하리라는 결단이 있었음을 볼 수 있습니다. 그리고 바울이 예루살렘에서 체포된 이후 죽음의 위기 가운데 처했을 때 주님의 음성을 다시 들었습니다. 그 내용이 사도행전 23장 11절에 나옵니다. "그 날 밤에 주께서 바울 곁에 서서 이르시되 담대하라 네가 예루살렘에서 나의 일을 증언한 것 같이 로마에서도 증언하여야 하리라 하시니라" 바울이 가졌던 언약적 비전이 얼마나 확실한지 예수님께서 친히 인증해 주신 것입니다.

바울은 이런 언약적 비전을 바탕으로 Dream, 꿈을 꾸었습니다. 바로 구체적인 계획을 세웠다는 것입니다. 그것이 로마 황제 가이사에게 항소하는 것이었습니다. 사실 이것만큼 안전하고 확실하게 로마로 갈 수 있는 방법이 없었습니다. 당시 바울이 예루살렘에서 체포된 이후 유대인들 가운데에는 당을 지어 바울을 죽이기 전에는 먹지도 아니하고 마시지도 아니하겠다는 40명의 결사대가 조직되었습니다. 이들이 매복해 있다가 바울을 죽이려 한다는 사실을 바울의 생질이 듣고 천부장에게 전한 것입니다. 이때부터 로마시민권자였던 바울을 로마군대가 확실하게 보호한 것입니다.

바울은 자신의 언약적 비전을 꿈꾸고 Image화 시켰습니다. 그것이 기도였습니다. 바울은 가이사랴로 호송되어 정식 재판을 받으면서 2년 동안 구금되어 있었습니다. 이때 바울이 무엇을 했겠습니까? 바로 기도의 망대를 세워 로마복음화를 향한 언약적 비전이 성취되기를 기도한 것입니다. 바울은 비록 구금되어 있었지만 자유롭게 사람을 만나고 도움을 받을 수 있었습니다. 자신을 찾아온 사람들에게 그 비전을 함께 나누며 기도한 것입니다.

그리고 Practice, 언약적 도전을 실제로 하였습니다. 우리도 사도 바울처럼 CVDIP의 망대를 세우는 삶을 살아야 합니다. 이를 위해 만날 때마다 우리가 함께 기도하고 구체적으로 언약적 도전을 해 나아가야 합니다. 사도 바울이 아그립바 왕 앞에서 한 "나와 같이 되기를 원하나이다."라는 말을 기억해야 합니다. 이렇게 말할 정도로 예수 믿는 맛을 여러분이 사실적으로 체험하시길 바랍니다.

## 예수 마니아

사람들은 정도가 달라서 그렇지 저마다 무엇인가에 미쳐서 삽니다. 그런데 어느 한 분야에 완전히 미친 사람, 집중하는 사람을 가리켜 마니아(mania)라고 합니다. 마니아들은 자기가 미친 분야에 대해서 돈이나 시간을 투자하는 것을 아까워하지 않습니다. 낚시 마니아는 틈만 나면 낚시를 갑니다. 밥 먹다가도 젓가락 들고서 낚시 연습을 하고, 스포츠 마니아들은 침대에 누우면 천장이 자기가 빠져 있는 종목의 필드로 보인다고 합니다.

그렇다면 우리는 무엇에 미쳐야 할까요? 우리는 세상의 것에 미치는 것이 아니라 사도 바울처럼 예수님께 미쳐야 합니다. 예수 마니아가 되어야 하는 것입니다. 모든 독자 여러분이 진정한 예수 마니아가 되어 모든 현장에서 하나님 나라 확장의 산증인으로 서게 되시기를 예수 그리스도의 이름으로 축복합니다.

# 27

## 믿음의 절대 망대!

20 여러 날 동안 해도 별도 보이지 아니하고 큰 풍랑이 그대로 있으매 구원의 여망마저 없어졌더라 21 여러 사람이 오래 먹지 못하였으매 바울이 가운데 서서 말하되 여러분이여 내 말을 듣고 그레데에서 떠나지 아니하여 이 타격과 손상을 면하였더라면 좋을 뻔하였느니라 22 내가 너희를 권하노니 이제는 안심하라 너희 중 아무도 생명에는 아무런 손상이 없겠고 오직 배뿐이리라 23 내가 속한 바 곧 내가 섬기는 하나님의 사자가 어제 밤에 내 곁에 서서 말하되 24 바울아 두려워하지 말라 네가 가이사 앞에 서야 하겠고 또 하나님께서 너와 함께 항해하는 자를 다 네게 주셨다 하였으니 25 그러므로 여러분이여 안심하라 나는 내게 말씀하신 그대로 되리라고 하나님을 믿노라 26 그런즉 우리가 반드시 한 섬에 걸리리라 하더라 _사도행전 27:20~26

ACTS

# 차원이 다른 인생

 사도행전 27장의 말씀에는 드디어 사도 바울이 로마로 향하는 여정이 기록되어 있습니다. 바울은 예루살렘에서 유대인들의 모함으로 체포되어 산헤드린 공회 앞에서 재판을 받았고, 가이사랴 총독부로 보내져서 2년간의 구금 생활을 하게 되었습니다. 바울은 총독 벨릭스를 거쳐 베스도에 이르기까지 재판을 받았습니다. 그런 와중에 바울이 로마시민권자로서 로마 황제에게 재판을 받겠다고 상소를 한 것입니다. 이것이 받아들여져 바울이 로마행 배에 올라타게 되었습니다.

 그런데 바울은 지금 우리가 전도캠프를 가는 것처럼 자유롭게 간 것도 아니고, 당시에는 지금처럼 여객선이 따로 있었던 것도 아니었습니다. 바울은 죄수의 몸으로 로마행 화물선에 몸을 싣게 된 것입니다. 사실 지금은 과학이 발달해서 기상 악화라든지 여러 가지 돌발 상황을 예측하여 대처를 할 수 있으나 당시에는 전혀 그러지를 못했습니다. 아니나 다를까 바울의 로마행 여정에 큰 위기가 닥쳤습니다. 바로 유라굴로 광풍이 불어온 것입니다. 광풍이라는 표현처럼 이 바람은 단순한 바람이 아니라 모든 것을 삼켜버릴 듯한 미친바람이었습니다.

 사도행전 27장 20절에 나오는 "여러 날 동안 해도 별도 보이지 아니하고 큰 풍랑이 그대로 있으매 구원의 여망마저 없어졌더라"는 표현에서 알 수 있듯이 이들은 한 치 앞도 알 수 없는 상황 속에 빠지게 되었습니다. 그런데 이런 절망의 상황 속에서 유독 바울만이 참 평안을 누리고 같이 배에 타고 있던 276명의 사람들을 안심시키는 모습을 보여줍니다. 그 이유가 있습니다. 그것은 바로 바울이 믿음의 절대 망대를 세웠기 때문입니다. 우리 인생에도 다양한 형태의 광풍이 예기치 못하게 몰아칠 때가 있습니다. 이때 우리는 사도 바울처럼 믿음의 절대 망대를 세워 차원이 다른 인생을 사는 증거가 있어야 할 것입니다.

## 환경을 압도하는 믿음

우리가 배를 타고 이달리야에 가기로 작정되매 바울과 다른 죄수 몇 사람을 아구스도대의 백부장 율리오란 사람에게 맡기니 아시아 해변 각처로 가려 하는 아드라뭇데노 배에 우리가 올라 항해할새 마게도냐의 데살로니가 사람 아리스다고도 함께 하니라

─사도행전 27:1~2

사도행전 27장은 '우리'라는 표현으로 시작됩니다. 사도행전의 저자인 누가가 지금 바울과 함께하고 있음을 볼 수 있습니다. 그리고 데살로니가 사람 아리스다고도 바울과 함께했습니다. 동역은 참으로 아름다운 것입니다. 서로에게 얼마나 큰 힘이 되었겠습니까? 하나님께서 교회 공동체를 세우시고 함께 신앙생활 하도록 하신 본질적 이유를 우리는 항상 잊지 말아야 합니다. 성삼위 하나님과 함께하는 것과 영적 가족으로 서로가 함께하는 것이 성경적 신앙생활입니다.

당시 바울을 태운 배는 아시아 쪽으로 올라가서 무라 항까지 갔습니다. 바울은 거기서 이집트의 알렉산드리아와 로마를 항해하는 곡물 운반선으로 갈아탑니다. 이 선박은 276명의 승객이 탈 정도로 대형 선박이었습니다. 이때가 주후 59년 10월 중순경인데 이 시기는 계절풍이 심해서 항해하기

에 위험한 시기였습니다. 그래서 가까운 항구에 정박해서 겨울을 나고 행선지로 떠나는 것이 상식이었습니다. 바울은 선교 여행을 하면서 이미 세번의 파선을 경험했었기 때문에 항해를 멈추고 지금 있는 미항에서 겨울을 지내자고 제안을 했습니다. 그런데 그 배의 선장과 선주는 미항보다 규모가 더 크고 즐길 것이 많았던 뵈닉스에서 겨울을 보내는 것이 좋겠다고 주장을 했습니다. 이에 결국 백부장은 선장과 선주의 말을 따라 다시 항해를 시작한 것입니다.

이들은 어느 정도 바람이 잦아들자 미항을 출발했는데 처음에는 순풍이 불어서 이들의 선택이 옳았다고 생각했습니다. 하지만 얼마 가지 못해 배는 유라굴로 광풍을 만나게 됩니다. 유라굴로는 동풍을 뜻하는 헬라어 '유로스'와 북동쪽을 가리키는 라틴어 '아퀼로'의 합성어로 강력한 '북동풍'을 가리킵니다. 일단 이 폭풍을 만나게 되면 배는 방향을 조절할 수가 없는 상태가 되어 버립니다. 그러니 속수무책으로 밀리다가 모래톱이나 암초에 부딪혀 파선하게 되는 것이 정해진 수순이었습니다.

사도행전 27장 14~19절에 보면 이 광풍을 넘어서기 위해 선장과 선원들이 온갖 노력을 다하였습니다. 배를 가볍게 하기 위해서 가지고 있는 짐도 버리고 심지어는 배의 기구를 다 버리면서 위기를 넘어서려고 했는데, 상황은 변하지를 않았습니다. 14일 동안 큰 풍랑은 그대로 일고 있고, 밤에는 별을 볼 수 없고, 낮에는 해를 볼 수 없는 어둠 속에서 이들은 극심한 두려움에 사로잡혀 있었습니다. 말이 14일이지 2주간 밤낮으로 큰 풍랑 속에 있는 것을 한 번 상상해보시기 바랍니다. 정말 살 소망을 찾을 수 없었을 것입니다. 그런데 이때 두려워 패닉 상태에 빠져 있던 276명의 사람들을 바라보며 사도 바울이 담대히 외칩니다.

'안심하라'는 헬라어로 '유뒤메오'인데 '즐거워하라'라는 뜻입니다. 이는 '아주 좋은 기분을 가지라'는 말입니다. 마치 의사가 절망 중에 있는 환자에게 용기를 주는 말을 들려주는 것과 같습니다. 사실 지금 상황은 모두가 포기하고 절망 가운데 빠져 있었던 때 였습니다. 자칫 이상한 사람으로 오해받기 딱 좋은 상황이었습니다. 그런데 사도 바울이 이렇게 담대히 말할 수 있었던 이유는 바로 하나님과의 영적 소통이 있었기 때문입니다.

하나님의 사자를 통해 바울은 메시지를 이미 받았습니다. 사실 바울도 인간이기 때문에 두려움이 다가올 수 있었습니다. 그러나 그는 하나님과의 영적 소통을 통해 하나님의 메시지를 분명히 붙잡았습니다. 환경을 압도하는 믿음, 믿음의 절대 망대를 바울이 세웠던 것입니다. 바울은 말씀을 붙잡은 후에 마치 큰 파도 속에서 더 신나게 파도타기를 하는 것처럼 풍랑을 즐길 수 있었습니다. 이어지는 25절에 보면 바울은 재차 사람들에게 강조합니다. "안심하라 나는 내게 말씀하신 그대로 되리라고 하나님을 믿노라" 이 얼마나 확신에 찬 고백입니까?

인생의 유라굴로가 닥쳐올 때 여러분은 말씀의 줄, 기도의 줄을 놓치지 마시기를 바랍니다. 믿음의 절대 망대를 세운다는 것은 말씀과 기도로 모든 상황과 환경을 압도한다는 것입니다. 요한복음 16장 33절에 보면 십자가를 지시기 직전에 예수님께서 두려움에 사로잡혀 있던 제자들에게 "이것을 너희에게 이르는 것은 너희로 내 안에서 평안을 누리게 하려 함이라 세상에서는 너희가 환난을 당하나 담대하라 내가 세상을 이기었노라"라고 말씀하셨습니다.

여러분, 우리 인생의 항해 길에는 수많은 풍랑이 몰아치게 되어 있습니다. 그러나 담대하시기 바랍니다. 세상을 이기신 주님께서 우리와 함께하시기 때문입니다. 이 축복을 사실적으로 누리는 삶에는 두려움, 걱정, 염려, 근심이 발붙일 수가 없는 것입니다.

앤드류 머레이 목사는 "우리에게는 불가능한 일을 매우 즐기시는 하나님이 계신다."라고 고백했습니다. 전지전능한 창조주 하나님이 지금 여러분과 함께하십니다. 예레미야 32장 27절에 보면 하나님께서 예레미야에게 "나는 여호와요 모든 육체의 하나님이라 내게 할 수 없는 일이 있겠느냐"라고 말씀하셨습니다. 여러분, 전지전능하신 하나님 자녀의 신분과 권세를 사실적으로 누리시기를 바랍니다.

## 사명 재확인의 시간표

사도 바울이 유라굴로 광풍 속에서 참 평안의 비밀을 누릴 수 있었던 또 하나의 이유는 자신에게 주어진 사명이 아직 다하지 않았음을 알았기 때문입니다. 사도행전 27장 24절을 보면 "네가 가이사 앞에 서야 하겠고"라고 되어 있습니다. 또 사도행전 23장 11절에서도 산헤드린 공회 앞에서 죽음의 위기를 넘긴 후에 바울이 주의 음성을 듣게 됩니다. "그 날 밤에 주께서 바울 곁에 서서 이르시되 담대하라 네가 예루살렘에서 나의 일을 증언한 것 같이 로마에서도 증언하여야 하리라 하시니라" 바울에게는 아직 죽을 수 없는 사명이 있었던 것입니다.

이것을 유라굴로 광풍이 불어올 때, 절체절명의 상황 가운데 다시금 확인하게 된 것입니다. 우리가 신앙생활을 할 때 놓치지 말아야 할 것이 바로 천명, 소명, 사명입니다. '생즉명(生卽命)'이라는 말이 있습니다. 살아 있다는 것은 바로 사명이 있다는 것을 뜻합니다. 인간의 생사화복은 다 하나님의 손에 달려 있습니다. 하나님께서 우리의 생명을 연장시켜주시는 것은 아직 우리의 삶에 사명이 남아있다는 것입니다.

사도행전 27장 27절 이후에 보면 바울이 선포한 대로 배가 한 섬에 걸리는 내용이 나옵니다. 그런데 이때 군인들이 죄수가 헤엄쳐서 도망할 수도 있으니 그들을 죽이는 것이 좋겠다고 말했습니다. 당시 죄수의 몸으로 있었던 바울도 여기에 포함되어 있습니다. 그런데 놀랍게도 백부장이 바울을 구원하려 하여 이들의 의견을 막고 다른 방법을 찾아 그 섬에 다 상륙할 수 있도록 한 것입니다. 단순한 것처럼 보이지만 누가가 이렇게 상세하게 표현한 이유가 무엇이었겠습니까? 바로 생즉명을 강조하기 위함이었습니다. 아프리카 선교의 아버지로 불리는 데이비드 리빙스턴 선교사는 종종 자기 동료들과 자신의 안부를 걱정하는 사람들에게 "나는 존재 이유가 다할 때까지, 나의 사명이 다할 때까지 결코 죽지 않는다."라고 말했다고 합니다. 이런 생즉명의 자세가 있었기 때문에 아프리카 선교에 생명 건 헌신을 한 것입니다.

우리 인생에 유라굴로 광풍이 불어올 때 우리는 그것이 사명 재확인의 시간표라는 사실을 놓치지 말아야 합니다. 무엇을 붙잡고 무엇을 버려야 하는지 결단을 내려야 합니다. 창세기 3장, 6장, 11장의 자기중심, 물질 중심, 세상 성공 중심의 삶을 과감히 내버려야 합니다. 그리고 오직 그리스도, 오직 하나님의 나라, 오직 성령 충만의 3오직을 우리 인생의 절대 망대로 굳건히 세워야 합니다. 현장에 3오직의 절대 망대를 세워야 하는 것입니다. 이를 통해 모든 독자 여러분이 어떤 상황과 환경 속에서도 하나님께서 주신 절대 사명이 이끄는 삶을 살게 되기를 예수 그리스도의 이름으로 축복합니다.

# 28

## 내가 쓰는 사도행전!

<sup>30</sup> 바울이 온 이태를 자기 셋집에 머물면서 자기에게 오는 사람을 다 영접하고 <sup>31</sup> 하나님의 나라를 전파하며 주 예수 그리스도에 관한 모든 것을 담대하게 거침없이 가르치더라 _사도행전 28:30~31

Acts

# 언약 성취의 시간표

 사도행전은 영어 제목인 'Acts'처럼 사도와 제자들의 액티브한 전도와 선교 여정이 기록되어 있습니다. 오순절 마가다락방에 임한 성령 강림 체험 이후 3오직의 언약을 붙잡은 전도자들이 현장을 획기적으로 변화시켜 나가는 여정이 파노라마처럼 펼쳐졌습니다. 특히 스데반의 순교가 촉발점이 되어 제자들이 전 세계 현장으로 흩어지게 되었고, 하나님께서는 박해자 사울을 전도자 바울로 변화시키셔서 이방인을 위한 사도로 세우셨습니다. 사도행전 9장 15절을 보면 "주께서 이르시되 가라 이 사람은 내 이름을 이방인과 임금들과 이스라엘 자손들에게 전하기 위하여 택한 나의 그릇이라"라고 되어 있습니다. 바울은 예수 그리스도로부터 부여받은 이 사명을 감당하기 위해 일심, 전심, 지속으로 생명 건 언약적 도전을 했습니다. 소아시아 복음화, 마게도냐 복음화, 로마 복음화의 여정에 올인, 집중한 것입니다.  그리고 드디어 사도행전 28장에 보면 바울이 로마에 입성하게 됩니다. 사도행전은 이 28장을 끝으로 마무리됩니다. 그런데 성경학자들은 사도행전의 마지막을 'Open Ending'이라고 말합니다. 끝나는 것이 아니라 계속 이어진다는 말입니다. 사도행전의 저자 누가는 마지막 절에서 사도 바울이 "하나님의 나라를 전파하며 주 예수 그리스도에 관한 모든 것을 담대하게 거침없이 가르치더라"라고 현재형으로 하여 사도행전을 마무리하고 있습니다. 복음서나 서신서들과 달리 결론을 맺고 있지 않습니다.
 그리고 바울의 선교 행적도 미완성의 형태로 마감하고 있습니다. 이는 사도행전의 기록 목적이 사도 바울의 전기를 소개하는 것이 아니라 복음을 땅

끝까지 전하시는 성령의 사역을 소개하는 것이기 때문입니다. 예루살렘에서 시작된 복음 전파가 당시 세계의 중심지인 로마 복음화로 이어졌고, 거기서 멈추는 것이 아니라 로마로부터 전 세계로 퍼져나가는 새로운 선교의 서막이 올랐음을 강하게 암시하고 있는 것입니다. 누가가 기록한 사도행전은 마무리되었지만, 우리는 사도행전 후속편을 쓰는 삶을 살아가야 합니다. 신앙생활을 여러 가지로 정의를 내릴 수 있는데, 그중 하나가 사도행전을 쓰는 삶이라고 할 수 있습니다. 물론 우리가 사도는 아니지만, 사도들이 갔던 전도와 선교의 행전을 쓰자는 것입니다.

사도행전 28장 16절에는 바울이 드디어 로마에 입성하는 장면이 나옵니다. 사도행전 19장 21절의 "내가 로마도 보아야 하리라", 사도행전 23장 11절의 "네가 예루살렘에서 나의 일을 증언한 것 같이 로마에서도 증언하여야 하리라" 그리고 사도행전 27장 24절의 "바울아 두려워하지 말라 네가 가이사 앞에 서야 하겠고"라는 언약 성취의 시간표가 된 것입니다. 그런데 그의 모습은 전쟁에서 승리한 개선장군의 모습이 아니었습니다. 보잘것없는 죄수의 모습으로 로마에 들어간 것입니다. 그러나 바울이 로마에서 끼친 복음의 영향력은 실로 대단한 것이었습니다. 그렇다면 바울이 어떻게 죄수의 몸으로 담대하게 거침없이 복음의 영향력을 입힐 수 있었는지 다음의 말씀을 통해 답을 얻으시기 바랍니다.

# 중단 없는 복음 전파

*우리가 로마에 들어가니 바울에게는 자기를 지키는 한 군인과 함께 따로 있게 허락하더라*
*_사도행전 28:16*

 바울이 죄수의 몸으로 로마에 들어갔지만, 감옥 생활을 한 것이 아니었음을 볼 수 있습니다. 바울을 따로 있게 허락했다는 말은 바울이 비록 죄수이기는 했지만, 지금 말로 하자면 가택연금 상태로 상당한 자유를 얻었다는 것을 말합니다. 이렇게 될 수 있었던 것은 바울과 함께 유라굴로 광풍 속에서 생사고락을 같이했던 275명의 사람들이 그동안 풍랑 속에서 되어진 일들을 다 소문을 냈기 때문입니다. 특히 호송 책임을 맡았던 백부장 율리오가 아주 자세한 보고와 함께 될 수 있는 대로 관대하게 해 줄 것을 요청했습니다. 유라굴로 광풍이 복음 전파의 아주 중요한 전환점을 만들어 준 것입니다. 여러분에게 인생의 유라굴로가 닥치더라도 걱정하지 마시고, 모든 것을 합력하여 선을 이루시는 하나님의 계획을 바라보며 생명 살리는 통로로 삼으시길 바랍니다.

 사도행전 28장 30절을 보면 사도 바울이 이렇게 가택 연금 상태로 있으면서 복음을 증거하는 상황을 "자기 셋집에 머물면서"라고 묘사하고 있습니다. 바울이 무슨 돈이 있어서 셋집을 얻을 수 있었을까요? 그는 가택 연금 상태에 있었기 때문에 따로 자비량 선교를 할 수도 없었습니다. 그렇다면 어떻게 이 비용을 다 충당할 수 있었겠습니까? 바로 빌립보교회 같은 곳에서 계속 선교헌금을 보내주었기 때문에 가능했던 것입니다. 선교헌금을 통해 집세를 내고 찾아오는 손님들을 대접할 수 있었습니다. 모두가 십시일반으로 헌신하면 되는 것입니다. 중단 없는 복음 전파를 위한 모든 사역에는 하나님의 상급이 반드시 있게 되어 있다는 사실을 우리가 깨달아야 합니다.

또 사도행전 28장 16절에 보면 바울이 한 군인과 함께 따로 있게되었음을 밝히고 있습니다. 바울은 로마 황제에게 재판을 받아야 했기 때문에 황제의 경호를 담당하는 친위대의 감시를 받게 되었습니다. 당시 로마법에 의하면 죄수가 도망가지 못하도록 두 사람의 군인과 쇠사슬로 연결해 놓았습니다. 그런데 바울은 도주 우려가 없다고 판단되었기 때문에 한 사람만 배정되었습니다. 중요한 것은 이 친위대 군인들 중 같은 사람이 계속해서 지키는 것이 아니라 교대로 돌아가면서 죄수를 감시했다는 것입니다. 그들은정해진 근무 시간에는 바울과 항상 함께 있어야 했습니다. 이것이 무엇을 뜻할까요? 이들은 바울의 밥이었습니다. 이들에게 완전히 팀사역을 할 수 있는 환경이 조성된 것입니다.

친위대 군인들이 중요한 이유가 있었습니다. 고대 왕들은 신변 안전이 제일 걱정이었기 때문에 가장 신뢰할 만한 사람을 친위대로 세웠습니다. 그래서 친위대는 최고 엘리트 정예부대였던 것입니다. 로마를 다스리는 정치가도 이 친위대를 제대한 사람 중에서 많이 나왔다고 합니다. 선교전략적으로 볼 때 친위대가 복음으로 변화되면 로마는 바뀌게 되어 있는 것이었습니다. 하나님의 세밀한 인도 가운데 바울은 로마의 핵심 인물들에게 복음을 증거했던 것입니다.

한편으로 사도행전 28장 17~23절에 보면 바울이 먼저 자기 동족인 유대인들을 초청해서 복음을 증거하는 모습을 볼 수 있습니다. 보통 사람 같으면 이해가 되지않는 부분입니다. 바울의 선교여행을 가리켜 핍박사라고 할 정도로 30여 년에 걸친 바울의 선교여행 동안 유대인들은 끈질기게 바울을 괴롭혔습니다. 심지어는 결사대를 조직해서 죽이려고 했습니다. 그럼에도 불구하고 바울은 자기 민족을 사랑했습니다. 이방인은 그렇게 잘 받아들이는 복음을 왜 받지 않을까 하고 그는 괴로워했습니다.

로마서 9장 3절을 보면 "나의 형제 곧 골육의 친척을 위하여 내 자신이 저주를 받아 그리스도에게서 끊어질지라도 원하는 바로라"라고 고백할 정도로 바울의 심정은 간절했습니다. 영혼에 대한 뜨거운 사랑, 그것이 바울이 지속적으로 복음을 증거할 수 있는 원동력이 된 것입니다. 우리도 사도 바울처럼 이런 영적 의식을 갖고 있어야 합니다. 영혼 사랑과 함께 영적으로 깨어 때를 얻든지 못 얻든지 '예수가 그리스도, 인생 모든 문제 해결자' 되신다는 참 복음의 진리를 선포할 준비가 되어 있어야 하는 것입니다.

## 로마에 세워진 빛의 망대 🖋

그들이 날짜를 정하고 그가 유숙하는 집에 많이 오니 바울이 아침부터 저녁까지 강론하여 하나님의 나라를 증언하고 모세의 율법과 선지자의 말을 가지고 예수에 대하여 권하더라
_사도행전 28:23

바울은 가택 연금 상태에서 지속적으로 복음을 증거했습니다. 스케줄을 정해서 하루 종일 많은 사람을 만나면서 하나님 나라와 예수 그리스도를 증거한 것입니다. 한 마디로 빛의 망대를 세웠습니다. 다음의 말씀을 보면 로마에서 2년 동안 이 사역을 지속했음을 볼 수 있습니다.

바울이 온 이태를 자기 셋집에 머물면서 자기에게 오는 사람을 다 영접하고 하나님의 나라를 전파하며 주 예수 그리스도에 관한 모든 것을 담대하게 거침없이 가르치더라 _사도행전 28:30~31

바울에 대한 재판은 바로 진행되지 않았습니다. 당시에는 황제에게 재판을 받기 위해 대기하고 있는 사람들이 많았습니다. 정기적으로 재판을 한 것이 아니고 황제 마음대로 재판하였기 때문에 기다리는 사람들이 많았습니다. 바울에게 있어서 이 기간은 로마에 그리스도의 망대를 든든히 세우는 기간이 되었습니다. 2년 동안 셋집에 머물면서 수많은 사람에게 복음을 전했고, 에베소서, 빌립보서, 골로새서, 빌레몬서 등의 주옥같은 서신을 기록하였습니다.

앞의 성경 말씀을 보면 "자기에게 오는 사람을 다 영접하고"라는 표현이 나옵니다. 여기서 '영접하다'는 '아페데케토'라고 하는데 동작이나 상태의 계속을 나타내 주는 미완료 시제입니다. 이것은 바울을 찾아오는 사람들이 계속있었고, 바울 역시 계속해서 그들을 맞이했다는 것을 의미합니다. 바울은 유대인을 비롯하여 수많은 이방인들을 만났고, 그들에게 복음을 전했습니다. 특히 로마의 최고 권력층에게까지 복음이 증거되었습니다. 실제 역사 자료를 보면 로마 원로원 의원의 아들 부데가 바울을 통해 복음을 받고 자기 집안의 많은 사람들이 영접을 했다고 밝히고 있습니다.

그리고 바울이 로마에 머문 지 2년이 지나도록 예루살렘의 유대인들이 로마 황제 앞에 출두하여 고발하지 않았고, 부데가 바울의 보증을 서겠다고 해서 바울은 석방이 되었습니다. 이후 바울은 부데의 선교 후원을 받아 에베소와 마게도냐, 드로아, 그레데, 니고볼리 등으로 선교 여행을 다니면서 복음을 증거했습니다. 그러다가 주후 67년 경 재차 투옥되어 네로 황제에 의해 순교를 당하게 됩니다. 바울은 사명을 마치고 순교를 했지만, 바울이 전한 메시지는 계속적으로 사람들을 변화시켜 나갔습니다. 결국 주후 313년 콘스탄틴 황제에 의해 기독교가 공인되는 시간표에까지 이르게 됩니다.

로마복음화의 언약이 성취된 것입니다.

사도행전 28장 23절과 31절에 보면 바울이 이들에게 전한 메시지의 핵심은 하나님 나라와 예수 그리스도였습니다. 예수 그리스도가 전파되는 현장에는 하나님의 나라가 임하게 되고, 새 하늘과 새 땅이 임하게 되어 있습니다. 그리고 예수 그 이름 앞에 흑암 세력이 벌벌 떨게 되어 있습니다. 사탄에게 속아 온갖 저주와 고통 속에서 열두 가지 영적 문제에 빠져 고통당하는 자들에게 예수 그리스도의 빛을 비추어 줄 때 그 사람의 심령 속에 하나님의 나라가 임하는 것입니다.

유명한 기독교 변증가이자 작가인 오스 기네스는 「소명」이라는 책에서 "직업이 끝나는 것과 소명이 끝나는 것을 혼동하지 말라"고 강조했습니다. 직장을 다니거나 사업을 하다가 은퇴할 수 있지만, 하나님이 주신 소명에서는 은퇴가 없다는 것입니다. 이것이 바로 우리가 일평생 가지고 살아야 할 영적 자세입니다.

우리는 이러한 영적 자세를 생의 끝날 까지 일심, 전심, 지속해야 합니다. 우리가 처해 있는 삶의 현장에서, 237선교 현장에서 사도행전의 속편을 써 내려가야 하는 것입니다. 모든 독자 여러분이 사도 바울처럼 하나님의 나라에 관한 모든 것을 담대하게 거침없이 전파하는 절대 제자가 되시기를 예수 그리스도의 이름으로 축복합니다.

| | |
|---|---|
| **펴낸날** | 초판 1쇄 2024년 05월 15일 |
| **지은이** | 정은주 |
| **펴낸이** | 지무룡 |
| **펴낸곳** | 가스펠북스 |
| **기획** | 배성원 |
| **디자인** | YEWON DESIGN |
| **출판등록** | 109-91-93560 |
| **주소** | 서울시 강서구 화곡로 63길 65, 101호 |
| **전화** | 02) 2657-9724 |
| **팩스** | 02) 2657-9719 |
| **홈페이지** | www.iyewon.org |
| **값** | 17,000원 |
| **ISBN** | ISBN 979-11-981688-6-3(03230) |